政治分析から政治改革へ

堀江 湛
Horie Fukashi

一藝社

「序」に代えて

長く慶應義塾大学で政治学を講じていた堀江湛教授は、多くの著作を残したが、本書はそのなかから主要なものを選び、一冊にまとめたものである。四部構成となっているが、大きくは時間の流れに沿っている。

堀江教授は日本の政治学界にあっては、それまでの西欧の政治学よりも、アメリカ政治学に目を向けた第一世代だが、**第一部「行動論的政治学を目指して」**はその色彩を色濃く反映している。政治学を、「サイエンス」と呼ぶに値するものとしていくことを目指し、その基調をアメリカの行動論的政治学に求めていくことを表明した、学問上の「マニフェスト」といってよい。

その文脈で最初に着手されたのは、選挙の動態の分析であり、**第二部「投票行動の分析」**のような著作に結実した。留学先のアメリカの研究動向を受け、日本での投票行動が分析された。個別の論文（モノグラフ）は極めて多いが、ここではそれらを集約して述べたような論文を収めた。

しかし、投票行動の分析をしながら目が向けざるをえなかったのは、わが国の独特の選挙制度であった。投票行動や選挙運動の規定要因としての選挙制度への着目に始まり、次第にその改革へと関心が広がった。**第三部「選挙制度の分析と改革」**にはその代表的二篇を収めた。

行動論的政治学からの日本の選挙の分析にとどまらず、現実政治の改革に取り組んだ時期の著作である。第八次選挙制度審議会の第一委員会の委員長として、並立制案の答申とりまとめにあたり、さらに民間政治臨調に関与して、その改革案の実現に取り組んでいる。

その後は、選挙制度に限定されない日本政治の問題に関心が広がり、統治システム全般を扱うようになる。**第四部「日本の統治システムの改革」**では、国会改革、行政改革、地方分権から、憲法をも視野に入れた、統治システム全般の改革にまで、射程が広がっている。

※

第一部　行動論的政治学を目指して

第一章「『政治学の科学化』の意味について」は、政治の「科学」を目指すという場合の三つの立場を丹念に検討し、政治行動に着目する立場を選択している。特にわが国での議論を意識し、マルクス主義の立場を詳細かつ批判的に検討している。結論的にはポッパーの立場に至るのだが、その議論を早い段階で吸収している点に注目されてよい。

第二章「政治学における行動論的接近の発展」は、行動論的政治学に至る研究動向を詳しくフォローし、自らの方法論的立場を打ち出している。時期的には一九世紀以降の欧米の政治学を全般的に検討しているが、特に二〇世紀のアメリカ政治学が詳細に論じられている。シカゴ学派から行動論的政治学への足跡がたどられ、亡命ドイツ人学者の役割や、研究助成金の効果にも目が配られている。行動論への批判にもふれるなど、きわめて包括的で、充実した記述がなされている。

第二部　投票行動の分析

第三章「現代日本の投票行動と政治意識」は、一九七〇年代末から八〇年代初期に至る選挙結果の変動とその背景を分析している。自民党の得票率低下が底を打ち、社会党、共産党の得票率上昇が止まって、「保守回帰」といわれたが、単純な自民党の復調ではなかった。情勢次第で自民党支持にも無党派層にもなる「弱い自民党支持者」が原因であった。選挙結果が振れ幅の大きなものだったのは、このためであった。

第四章「自・社支持率の長期低落と政党支持離れの進行」は、一九六〇年代後半から顕著になった「支持なし層」の増大と多党化など、政党支持の構造変動の計量的な分析である。「支持なし層」の増大は主に社会党離れに起因し、「支持なし層」が都市部（特に十大都市）と、商工・サービス業、事務職、および若年層に顕著なことを確認している。

第三部　選挙制度の分析と改革

第五章「選挙制度の検討」は、各種の選挙制度を包括的に整理した上で、日本の選挙区制につき、歴史的経緯を踏まえ、諸外国と比較しながら考察している。また、比例代表制については細部の相違が重要な意味を持つ点に注意を促している。

第六章「政治システムと選挙制度」は、かなり長い論稿だが、著者の第八次選挙制度審議会などへの関与もあって、改革に至る経緯や各制度の細かい説明が入っているためである。政治腐敗を誘発する中選挙区制、首相のリーダーシップの不在、国対政治などとの関連が包括的に述べられ、選挙制度と政治資金の改革の必要性が説かれている。記録としての価値とともに、審議会などとは別に、著者個人の見解を知る上でも重要である。

第四部　日本の統治システムの改革

第七章「国会改革の政治学」は、根強い政治不信を克服するため、「国権の最高機関」に相応《ふさわ》しい役割を果たすよう、国会を改革することを論じている。会期制など制度的制約や国対政治、また与党事前審査制が招いた国会審議の形骸化などに警鐘を鳴らしている。さらに、質疑とは別に自由討論を行う必要や、参議院の改革などの方途が説かれている。

第八章「行政改革と地方分権」は、一九九〇年代に進められた政治改革、行政改革、地方分権改革の狙いを、広義の統治機構の改革という観点から、関連付けて論じ整理している。行政改革と地方分権改革を通じて、経済活動の主体を官から民へと移し、権限や財源を国から地方へと移すことによって、中央政府のスリム化、効率化を図り、ひいては政治改革が目指すべき政治のリーダーシップの確立を図ることの必要性が説かれている。

第九章「統治システムでの政治主導行政の確立」は、きわめて包括的な論稿で、軽視されがちな憲法上の両院制の問題点にはじまり、官僚主導を促す諸要因、中央・地方関係など広く検討されている。政治主導を阻む原因を、国会の会期制など、細かいながらも重要な論点に立ち入って検討している。「革命の防波堤」に近い意義付けが込められた参議院のほか、官僚主導行政を維持すべく、随所に変化を阻止する「関所」があり、統治システムの全体が俎上《そじょう》にのせられており、第二部以下の著者の総決算論文のような趣《おもむ》きがある。

※

最後に、本書をまとめるに際し、一部だが手を加えたことをお断りしておく。

一、年号表記については、昭和、平成にまたがり、これを令和の現在、読む際、換算が煩雑になるきらいがあり、西暦表記にして年号は（　）の中に入れるなどした。

一、かなり長い文章がごく僅か見られるが、意味を理解とり易くするため、句読点の読点（テン）を補った箇所がある。

一、外国語の原語表記がある個所について、一部、省いた。

一、ごく一部、説明がほしい点について、〔　〕で補った。

なお本書は、複数の堀江ゼミ出身者が協議を重ねて論文の選択と編集作業を進め、それぞれ関係者の協力を得て上梓に至った。左にその氏名を記す（順不同）。

〔編集委員〕

橋本五郎（読売新聞特別編集委員）　笠原英彦（慶應義塾大学名誉教授）

永山博之（広島大学大学院人間社会科学研究科教授）

石上泰州（平成国際大学法学部教授）　真下英二（尚美学園大学スポーツマネジメント学部教授）

〔編集協力者〕

佐々木孝夫（平成国際大学法学部教授）　富崎隆（駒澤大学法学部教授）　永田尚三（関西大学社会安全学部教授）

増田正（高崎経済大学地域政策学部教授）　森正（愛知学院大学総合政策学部教授）　土居直美（元平成国際大学法学部助教授）

また、この「『序』に代えて」の執筆にあたっては、収録した各論文についてそれぞれの編集・校正に携わった各研究者の判断を参考に、加藤秀治郎（東洋大学名誉教授）がまとめたものである。なお、この文章では敬称を略した。

目次

第一部
行動論的政治学を目指して

第一章

「政治学の科学化」の意味について

一

政治学の現状が果して科学の名に値するものかどうかは別として、政治学は科学でなければならないという点については、ほとんどすべての研究者の意見が一致するであろう。しかし「政治学は科学でなければならない」という言明によって一体何を主張しようとしているのか、重ねてその意味を問うならば、いく種類ものおよそ異った答えが返ってくることであろう。これは「科学」という名辞が、探究とその成果の正しさを保証する魅惑的な言葉として多くの研究者の心を捉えずにはおかないという心理的事実[1]と、それにも拘わらず、この名辞がかなり曖昧な集合を表象する言葉として使用されてきたという事実にもとづいている。

一体、政治学の科学化という時そこでは何が主張されているのであろうか。その意味を確定するとともに、このような主張によって政治学を一体どのようなものに仕立て上げようとしているのか、そもそもこのような試みは何のためになされなくてはならないのか、こういった問題についてあらかじめ吟味しておくことは、政治学研究の手はじめとして是非必要なことと思われる。

二

「政治学は科学でなければならない」と主張される時、それがどのような意味で主張されていようとも、その背後に論者の共通の心理的事実として、あのコペルニクスとガリレオの時代に始まる近代自然科学の偉大な発展、その理論と応用との目醒ましい成果に対する驚嘆と畏敬の念の存在していることは否定できまい。もちろん、われわれは今日近代科学の真理が絶対普遍の妥当性をもつものではなく、経験的蓋然的妥当性以上のものを主張できるものではないことを知っている。イマヌエル・カント（Immanuel Kant）が自然的世界に妥当する絶対的真理と考えて、彼の壮大な哲学体系の基礎づけに援用したユークリッド幾何学とニュートン物理学はいずれも今日彼が考えたように絶対的なものではなかつたことが明らかになっている。

非ユークリッド幾何学の発見は、幾何学の主張しうる真理性とは公理から定理に至る数学的一般伴立的関係を証明する分析的真理にすぎず、公理自体の真理性は物理学の経験的論証にゆだねるべき綜合的性格のものであること、ユークリッド幾何学の公理はカントの考えたような自然的世界に対して普遍的妥当性をもつものではないことを明らかにした。(2) さらに、相対性理論や量子論の発展は、ニュートン物理学がある限定された自然の事象の記述にのみ妥当する一群の公理とそれから分析的に導出された一連の数学的方程式の形で表現された一般伴立的言明の「閉じた体系」の一つに外ならないことを明らかにした。

しかし、それにも拘わらず、あるいはそれ故にこそ一層、この数世紀における自然科学の発展が、われわれの自然的世界に対する確実なる知識をいかに拡大させ、その理解を深めたかをみる時、またそのれわれの自然的洞察の応用が、われわれの自然的力に対する統御をいかに増大させたかをみる時、自然科学に対する現代の信頼と憧憬の念はますます高まるのである。

ところで、このような自然科学の発展に触発されて、社会的諸問題についての知識をも科学として体系化しようとする社会科学の建設の努力が始ったのは、たかだかこの一世紀のことにすぎない。オーギュスト・コント（August Comte）が、フランス革命後の王政復古時代に、一方における諸自然科学の発展と産業革命に伴う産業技術の目を見張るような発展、他方における王と人民の間の厳しい政治的対立と社会的アナーキーに直面して、この政治的危機の原因を政治学における知識の後進性にもとめ、政治学が新たな社会改造のための、自然科学にみられるような信頼できる科学的な基本的組織原理を提示しえないでいる点にあると考え、緊急の課題として「今日、科学者は政治学を観察科学の段階にまで引き上げねばならない」と訴えたのはようやく一八二二年のことであった(3)。

もちろん、プラトンの時代からコントの時代に至るまで優に二〇〇〇年以上にわたって、人間の社会的性格に関して多くの知識が積み重ねられてきた。これら知識は社会と国家の分裂が意識されることのなかった歴史のこの長い時期を通じて、政治に関する考察と結びつけて論じられるのが普通であったから、その意味で政治学とはいわばこのような人間の社会生活一般に関する諸知識の集合に冠せられた名前でもあったのである。

しかし、これら知識には経験的な事実についての正確な記述が含まれていたとしても、その多くは個別的、断片的であり、諸事象の関連を説明する一般化には成功していなかった。たまたま一般的定式化の形態をとっていても、実は事象を順序づける単なる分類図式に終っているか、あるいは形而上学的思弁から生みだされたレトリックによって粉飾された類推に支えられた説明に過ぎなかった。要するに、これら知識は正確な予測や統御の能力をもたないという点で、近代自然科学の備える根本的特性を欠いていたのである。

もちろん、これら諸知識は人間や社会的諸価値についての鋭い洞察を含んでいた。それはある種の社会的価値の選好にもとづいた行為に対する道徳的命令であり、ユートピアの構想であったといえよう。そして実はあの思想的綜合と体系形成への志向で特色づけられた世紀に生きるコントやそれに続くスペンサー（Herbert Spencer）やマルクス（Karl H. Marx）など同時代の社会科学の建設者たちにとっても、このような一つの世界観と、それにもとづいたあるべき社会の秩序についての構想は、彼ら自身少しも隠そうとしない彼らの社会科学建設に対する強い心理的動機を構成するものであったのである。ただ、科学と産業の目を見張るような発展と、それにともなう激しい政治的社会的変動の時代にあって、すでに時代の機械論的、決定論的思潮の洗礼を受けていた彼らにとって、その主張の真理性は、まず何よりも科学によって裏打ちされなければならなかったし、実はその内容において同意することのできない先行する諸思想、諸観念は、それが当時の自然科学に対して信じられていたような実証性と法則性、厳密な予測性を主張しえぬという理由によって、形而上学として斥けられなければならなかったのである。

これら社会科学建設の先駆者たちは、何れもすべての社会問題に解答を与え、すべての社会現象を説明できるような壮大な一般的体系を構築しようと試みた。彼らは社会は単なる部分の集合以上と考える。従って、方法上、社会はある一側面だけ取りだし、それを孤立化させて分析してみても理解できるものではなく、あくまで全体性において把握されなければならないという綜合的、全体論的立場に到達する。さらに彼らは、社会は部分はもちろん全体としてすべて歴史的変化を免れないと考える。そこから社会は歴史性を欠いた静態的構造分析によってではなく、過去から未来へとつながる社会の運動の相において、歴史的動態的に分析されなければならないという方法的歴史主義の立場がでてくる。

彼らは又歴史を、あらかじめ定められた発展段階を追って、先行する発展段階のどれよりも優れた、人間性の完成あるいは回復の実現する最高段階へ向って、発展をつづけていく進歩の力動的過程とみる。そして、この実証的、科学的あるいは、社会主義的社会の到来は、動かすことのできない「社会法則」に従って不可避に達成されるという意味で、否定することのできない科学的真理なのである。そして、この決定論的発展段階的あるいは進化論的歴史哲学は、すべての社会現象を貫徹する歴史的法則性の発見を通じて、このユートピアの実現を予測したというまさにこの点で、社会に関する科学としての地位を獲得したと信じられたのである。[4]

今日、われわれは科学に対してこのように楽観的でもなければナイーブでもない。上にのべたような全体性と歴史性において社会を把握しようとするアプローチの方法は、カール・ポッパー（**Karl R. Popper**）によって「歴史主義」（**historicism**）と名付けられ、彼らがその方法によって成功したと信じた予測は、実は単なる予言的託宣に外ならなかったとして、その方法的不毛を徹底的に批判され、否定しさられたところのものである。[5] しかし、これら先駆者の思想にみられた科学観は、今日なおさまざまな形をとって根強く生き残っているし、彼らの提起した問題そのものは依然としてわれわれの探究に絶ゆることのない刺戟を与えつづけるのである。

三

私は今日、政治学あるいは社会科学が科学でなければならないと主張される時、それは大体次の三つの意味のどれか一つ、あるいはその組合せとして考えられていると思う。第一は政治的あるいは社会的問題の探究を、科学である以上必ず満さなければならないと考えられているある厳格な規範的基準のふるいにかけることによって、えられた知識や知識の体系の妥当性を主張しようとする立場である。そこでは探究の心理的、論理的手続きへの関心が中心となってくる。科学化を方法のレベルでとらえているといってもよい。つまり、政治学に科学的方法を適用することによって、政治学の知識を科学たらしめなくてはならないというのが、この主張の真の意味なのである。

この立場はさらに、このような科学的方法は探究の対象となる事象の相違を問わず、いかなるものであれ同じ方法が適用しうるし、又されなければならないという主張と、対象の相違によって当然に方法は変ってくるはずだという主張にわかれる。前者は自然科学であろうと、社会科学であろうと探究の妥当化の論理にかわりのあろうはずはないという立場で、現代の科学哲学の主張するところであり、本稿も又このような見地にたっている。

さらに、科学すなわち自然科学とみたてて、あるいは自然科学をより発展した先行科学とみなして、社会問題に関する知識へもこの自然科学の方法を適用することによって、社会に関する知識の科学化をはかろうとする主張がある。これは方法の一般性を前提としているという意味で上の変形とみてよい。この立場は論理上、自然科学の社会科学に対する科学的優位を意味するような結論にも導かれうるため、しばしば社会科学者によって強い感情的反撥を受けてきた。しかし、歴史的にみて最も早く登場してきたのはこのような考えであって、少くともコントやスペンサーの立場は広い意味でこの中に含まれるといってよい。このような創世記の時代はさておき、最近に至るまでこういった考えが最も一般的であったのはアメリカで、ウィルソン（Woodrow Wilson）やブライス（James Bryce）といった若干の例外はあるとしても、一九世紀末から二〇世紀の三〇年代初頭に至るまで、バージェス（John W. Burgess）に始まるアメリカ政治学の伝統的な方法論的立場はまさにこのような系譜に属するものであった。われわれにとってなじみ深いベントレー（Arthur Bentley）、マンロー（William Benett Munro）、三〇年代までのキャトリン（G. E. G. Catlin）といった諸政治学者は、かかる方法を最も明瞭に意識したそれぞれの時代の代表であった[6]。

社会科学は自然科学とは異なる方法が用いられなければならないという立場を強く主張したのは、いわゆる新カント派、ことに西南ドイツ学派の科学方法論であった。経験科学に属する諸特殊科学は研究対象によって自然科学と文化科学の二群にわけられる。没価値的、非了解的自然を対象とする自然科学は、一般化手続きによって普遍的自然法則の発見を目標とする自然科学的方法をとらなくてはならない。これに対して、価値関係的、了解的存在としての文化を対象とする文化科学は、個性化手続きによって一回的特殊的個性叙述を目標とする歴史的方法をとる。このようなドイツ西南学派の方法論的立場を最も明確に表現した例えばリッカート（Heinrich Rickert）にみられるような主張[7]は、この議論の論理構造がどの程度明確かつ意識的に理解されているかは別として、自然科学と複雑な人間社会の諸関係を扱う社会科学とは本来当然に方法的に区別されねばならぬはずだという一般的常識と結びついて、今日なお広く一般的見解として支持されているように思われる。

新カント派の哲学運動自体は、日本を除いては、ほとんどドイツという国家的枠を越えて拡がることのなかった、一九世紀の後半におこり、第一次大戦直後の限られた時期に最高潮に達した一つの地方的哲学運動にすぎなかった。しかし、戦前の日本の学問がドイツの諸学問の移植という形で、その圧倒的影響の下に成長し、哲学の領域においてこの傾向はとくに著しかったという事情は、この新カント派、ことにマールブルク学派と西南ドイツ学派の科学方法論をして、日本の学問、とくに政治学の学風に強くその極印を残さしめるという結果となつた。

すなわち、第一次大戦後の民主主義的精神の昂揚と大正デモクラシーの下における自由の雰囲気を背景として、ようやくその足をのばしはじめた日本の政治学は、たちまちにして時代の所産ともいうべきマルクス主義とファシズムの厳しい挑戦に直面して、従来の方法論的自覚を欠いた素朴な実証主義的立場に対し、真剣な方法論的反省を強いられることとなった。このような事情の下で、かつて学派の中から幾多の講壇社会主義者を輩出し、ワイマール体制下、自由主義的立場を堅持しつつ、それぞれマルクス主義的唯物論と厳しく対決し、きわめて精緻な論理を発展させつつあった新カント派諸派の科学方法論は、当時の日本の政治学界に「一種の清新さを以って迎えられ[8]」、圧倒的影響を残しさることとなったのである。

ことに、文化科学を構成する各個別的特殊科学は、それ独自の対象とする文化価値を明らかにすることによってはじめて方法論的に自立しうるというその立場は、当時、ドイツ国家学の圧倒的影響の下にあって、法学の下位科目的位置を与えられているか、あるいはオーストリヤやアングロ・サクソン諸国の政治学の影響の下に、漠然として無自覚に社会学的考察の中に解消されようとしていた日本の政治学に、強い方法的覚醒を促したのであった。

とくに当時イギリスやアメリカを中心に発展したバーカー（Ernest Barker）、ラスキ（Harold Laski）、コール（G. D. H. Cole）、マッキーバー（R. M. MacIver）らを代表とするいわゆる多元的国家論のもたらした経験的成果を土台に、新カント派の方法論を借りきたって、独立の学としての政治学を打ち立てようという野心的試みを展開した新しい政治運動の旗手戸沢鉄彦教授や蠟山政道教授の諸説が、同じ新カント派の立場にたって、この折衷から生じた概念構成の難点を鋭くつき、自からは従来の国家学より法学的概念を排除することによつて、政治学の独立をはかろうとする潮田江次教授によって厳しく批判されるにおよんで、これは今日「政治概念論争」として知られる大論争に発展し、終戦に至るまでわが国政治学界を二分して争われたのであった[9]。

この論争自体の評価や新カント派の科学方法論そのものに対する批判はここでは問題から外れるので別稿にゆずらねばならない。しかし、このようなわが国政治学界のもつ特殊な事情にもとづいて、新カント派の科学方法論は必ずしも自覚的にではないが、マルクス主義とならんで今日なおわが国政治学者の上に政治学の方法として深い影を落しているのである。要するに、適用される方法がすべての経験科学において共通であるという立場をとるか、社会科学と自然科学、あるいは社会科学を構成する各個別科学において、それぞれ独自の方法論が成立するという立場をとるかの相違こそあれ、厳密な科学的方法のテストにかけることによって、政治に関する知識を信頼にたる妥当な知識たらしめようというのが第一の立場の意味なのである。

四

第二の立場は、ある価値の選好にもとづいて構成された政治的、社会的あるいは世界観的道徳体系が科学的に真であることを明らかにすることによって、行為の準則としてその支持を命じようとする立場である。そこでは体系の真理性を明らかにすることによって、当為としての正当性を論証することが焦点となってくる。科学化を価値のレベルあるいはイデオロギーのレベルでとらえているといってもよい。政治学は正しい政治的価値体系を科学的に創り出し、あるいは選びだすことによって、政治行動の指針とならなければならないというのが、この主張の意味するところである。

近代の多くの政治運動の過程で、実践上の必要と結びついてもとめられたものは、まさにこのような科学としての政治学であった。今日、実践の場においてしばしば新しい政治哲学の必要が説かれている。もちろん、そこでいう政治哲学とは政治学における命題の言語分析や意味論の研究を意味しているわけではなかろう。政治行動の準則となる一つの確固たる信念の体系の確立をもとめているわけである。そして、すでに近代科学精神の洗礼をうけた現代社会にあっては、その哲学がもし一般的支持を獲得しようとするならば、単なるユートピアの描写や倫理的判断の提示、自己の確信の表明や一般的勧奨をもってしては、大した説得的効果は期待できないであろう。終局的には妥当性に対する論理をこえた帰依が望ましいことであるとしても、少なくとも入信の心理的契機としては科学としての明証性が必要とされるのである。

ところで、科学におけるかかる側面を最も強調するのは、いうまでもなくマルクス主義である。一般に現代の経験的諸科学がこのような価値の問題を研究の対象とすることを好まないという傾向があるだけに、この強調点はマルクス主義においてきわだっている。マルクス主義においてはその哲学と社会学が一体となって一つの世界観を構成しているところにその特徴がある。いわゆる唯物弁証法が形式論理学と共に、思考の法則としての論理学を構成するとするならば、史的唯物論と剰余価値論は歴史に関する実証科学としての社会科学を支える根本理論とされている。[10]すなわち、史的唯物論がいわゆる歴史の科学的法則を明らかにした経験的理論であり、歴史分析を規定するアプローチの方法であるとするならば、剰余価値論は資本主義的生産様式の構造分析から引きだされた経験的理論として、構造分析を規定するアプローチの方法となっている。

しかし、マルクス主義はここでとどまらない。これを単なる経験的理論の枠にとどめず、さらにすんで、この理論から社会主義の到来の歴史的必然性とプロレタリア革命の担い手としてのプロレタリアートの歴史的使命を演繹的に導出することによって、「科学的」社会主義を体制変革のための革命の哲学たらしめようとしている。ここで例えば、歴史的必然性とプロレタリアの能動的役割、あるいは変革過程の分析における唯物史観の真理性と戦術的有効性といった問題をめぐって生ずる論理的混乱は問題ではない。[11]われわれが注目しなければならないのは、その道徳体系が彼らの信じたように、果して真理として論証されたかどうかということではなく、プロレタリアの――

「解放事業をなしとげること、これが近代プロレタリアートの歴史的使命である。この事業の歴史的条件とその性質そのものとを探究し、以てこれを遂行する使命をもつ今日の被抑圧階級に、彼ら自身の行動の条件および性質を意識させること、これがプロレタリア運動の理論的表現である科学的社会主義の任務である[12]」

「共産主義とは、プロレタリアート解放の諸条件にかんする学説である。[13]」といった提言にみられるような、満々たる自信の背後にひそむ「科学的真理」としての道徳の体系の政治的実践において果す役割についてのあの強い期待に対してなのである。

たしかに価値の問題は、政治学において現代哲学の諸成果の導入の最も遅れている領域の一つである。しかし、それは政治学がさまざまな政治的諸価値を含む判断に対する検討を怠ることを許すことにはならないだろう。倫理学におけるいわゆる情緒説が価値の問題を、究極において個人の決定にゆだねざるをえないことは事実である。しかし、一方、そこでは倫理現象を事実として経験的に扱う広大な領域を経験科学に託している。そして、すでに倫理学自体においても従来の情緒説をこえた新しい価値論開拓への野心的試みがなされはじめている。[14]たしかに経験科学としての政治学が自から壮大な世界観を打ち立てる時期は最早去ったといえよう。しかし、上で論じてきたような価値や当為の問題は必ずしも、しばしば考えられているように、現代の経験科学としての政治学の完全な射程外にあるわけではないのである。

五

「政治学は科学でなくてはならない」という主張の第三の意味は、政治学は政治行動に関する一般法則や理論を発展させることによって、政治行動の予測と政治的環境の統御に成功するようにならなければならないということである。もっとも、この意味の中には政治学における法則や理論に対する特別の見解から、政治行動の予測あるいは少くとも政治的環境の統御という主張は除かれている場合もある。しかし、何れにしても、この言明の背後には、政治学あるいは社会科学は自然科学に著しく立ち遅れており、とるにたる法則の発見や理論の形成にはほとんど成功していないという判断や、政治的実践、例えば選挙運動の展開に際して、工学や医学にみられるような信頼できる応用技術の開拓にきわめて無力であるといった不満にもとづく政治学の現状に対する厳しい批判が含まれているのが普通である。

もちろん、最近の社会心理学におけるグループ・ダイナミックスや社会学における小集団研究あるいは全国的な社会調査、内容分析や大規模なシミュレーション技術の開発などは、政治学の知識を大いに深め、将来の理論化のために多くの貢献を行った。しかしなお、原子物理学における理論体系や人工衛星の工学技術を想起する時、そこにほとんど比較にならぬような理論的落差や統御能力の格差を認めないわけにはいかないのである。

ところで、ある発見が法則化され、理論化されるためには、その過程でそれが法則あるいは理論として成立しうるというその妥当性を論証する科学方法論のテストをくぐらねばならないという意味で、これら法則や理論はその方法と密接な関係をもつ。なぜならば、そこで適用される方法によって、その結果定立される法則や理論の性格に変化が生じうるということが予想されるからである。もちろん、われわれのように、それが科学である以上、一体何を研究対象とするものであれ、その法則化や理論化の過程で、適用される方法にことさらの違いのありようはずはないという立場をとるならば、この結果定立される法則や理論の性質には何の違いもみられないであろう。

しかし、先述の方法としての科学化の部分で紹介した新カント派のように、一つの極概念として政治学あるいは社会科学のとる方法は、自然科学においてとられる方法とは対蹠的性格の相違をもつという立場をとるならば、その結果定立される法則においても又その性格に相違が生ずることになる。自然科学の目標は斉一性と繰返しを本質的特徴とする自然の生起と存在に関する普遍法則の樹立である。一方、社会科学の目標は歴史的一回性と特殊性を本質的特徴とする文化価値の個性記述にあり、特定の文化価値と関係づけることによって、それを歴史的発展系列において記述しようとするのである。[15]

このような社会科学を対象の個性の記述として、あるいはそれを歴史的発展の系列においてとらえようとする態度は、決して狭い意味での新カント派だけにはとどまらない。果して、科学の対象となる現実をこのような自然と歴史といった相対立する二元的視角において分析することが可能なのであろうか。実際に、対象における普遍と特殊といった概念的区別が成り立ちうるのか、個性の記述といわれるものは論理上いかなる意味をもつのか、ここではこういった諸問題についての批判を展開する余裕はない。われわれにとって、政治学における法則という名辞の定義についても、このような分裂があるということを承知しておけば十分である。

最後の問題は社会科学における歴史法則の意味に関してである。社会科学を「歴史に関する実証科学[16]」と規定し、社会科学に関する法則とは「継起する諸時代を結びつける法則」としての「歴史的発展に関する法則でなければならない[17]」とする立場は、カール・ポッパーによって「歴史主義」の名を冠せられた社会科学の立場であるが、この社会科学における理論の独自性を主張する立場こそ、広い意味での新カント派やマルクス主義を含めて従来のわが国の政治学において、最も有力な立場を形成していたものであった。

ポッパーは歴史主義者の主張する予測とは要するに広範囲な長期的趨勢の予見にすぎないと考える。彼にしたがって歴史主義者の立場を要約するならばつぎのようになろう。社会科学においては観察者自体が対象と同一の世界に属し、相互作用をおよぼしあっている。したがって、もし例えばクーデターの発生の時と場所や規模とその効果が正確に予測されたとしたら、当然それに対応する手段が準備されるであろうから、恐らくクーデター自体の試みが不可能になるだろうし、少なくとも予測されたような効果を達成することには失敗するだろう。その意味で、短期の精密、詳細な予測は不可能である。したがって、社会科学は限定された領域の短期の予測やあれやこれやの技術的な政治的環境の統御にかかずらうものではなく、長期の社会の全体的変化、発展の趨勢を予見するのであり、又そこにこそ社会科学の意義がある。そしてかかる予見の検証は歴史と歴史的実践の中で果されなければならないと。

これに対して、ポッパーは、例えば台風の到来のように、その到来を阻止することのできないような大規模な事象の生起についての予測を「予言」と呼び、その到来に際して例えばこれによって蒙る損害を最小にするような諸方策に関する「予測」とを区別し、後者の予測を社会工学と名付けて、現代の経験的社会科学の主たる理論的任務として位置づけたことは今更説明するまでもないことであろう。(18)

要するに、政治学の知識を単なる政治的規範についての思弁や単純な経験的事実の分類にとどめず、経験的世界に対する理解を促進するような理論的体系にまで発展させなければならないというのが、第三の主張の意味するところなのである。

六

以上、「政治学は科学でなければならない」という言明がなされるとき、そこで真に意味されている内容とはどのような主張であるのかという問題について若干の整理を試みてきた。第一の主張が科学としての政治学の方法に関するものであるとするならば、第二、第三の主張は科学としての政治学が奉仕すべき目標と科学の機能に関する意見としてまとめることができるであろう。

第一の立場は従来、主として非マルクス主義的政治学の研究者が関心をしめしてきた主張であり、第二、第三の立場はマルクス主義者や政治の実践の場で最も強く要望されてきたところの主張である。このような非マルクス主義的政治学者の立場は、恐らく、科学者としてまず科学的方法の習得が必要とされるといった事情ばかりではなく、戦前の日本における自由な政治研究に対する制約や戦後の大規模な経験的研究にいつもつきまとう経済的制約、そしてドイツ的諸科学の影響によって、研究室における思索や文献研究に重点をおいて、フィールド・ワークに必ずしも積極的でなかったという日本の政治学の特殊な伝統にもとづくものであろう。

ところで、このような現代における政治学の科学化に対する要請に対して、科学としての政治学が採用する妥当化の論理とはどのようなものであるか、それは価値の問題をどのように扱い、どのような形で理論化をすすめ、予測と統御能力を獲得しようとしているのか、そしてかかる政治学において採用さるべきアプローチの基本的枠組はどのようなものであり、その照準点はどこに定められなければならないか、こういった諸点についての解明が次の問題である。

［注］

（1）戦前、政治学の科学化をめぐり、わが国政治学界を二分して争われたいわゆる「政治概念論争」において、それぞれの陣営で中心的役割を演じた論争の火付け役ともいうべき潮田江次教授と、この批判を戸沢鉄彦教授とともに受けて立った蠟山政道教授は、のち、いずれもその著書の冒頭でつぎのように述べられた。すなわち潮田教授は昭和一九年に刊行されたこの論争集「政治の概念」（昭和一九年、慶応出版社）の序文で「政治学が今日――といつても茲では第二次世界大戦と関聯した最近の意味ではなく、専ら学問の現発達段階に於てという意味であるが――其の建て直しを必要としてをることは、恐らく誰よりも政治学者自身が一番痛切に感じて来てをるところである。吾々がプラトーンの説く不変の真理に感歎し、アリストテレースの述べる現代的な所論に驚くのは少しも咎むべきことではないけれども、それと同時に現在の国家論や政治学が如何にプラトーンと変りがなくアリストテレース其まゝであるかに驚歎することを吾々は忘れてゐるのではないか。政治学は独立の科学としての新しい基礎づけが必要なのである。」（一頁）と論じ、蠟山教授は第二次大戦後、「政治学原理」（岩波全書、昭和二七年）において、当時より三〇年前「政治学の任務と対象」（大正一四年、巌松堂）を世に問うた時代を回顧して「いわゆる政治学の性質または地位について学者の間に著るしい見解の相違があり、従ってその研究方法や範囲について甚しく一致を欠いているため『政治学は科学なりや否や』ということが激しく争われている。科学でないと認める人の中にも、それは科学としての発達が遅れている、すなわち後進性に過ぎないのであつて、科学たるべきである、という前提に立っている人が多い。著者自らを顧みて、やはり政治学の科学性の探究を目的として、或は経験的な或は現実的な社会科学としての政治学を研究しようと努めて来たのである。科学というものが真にいかなるものであるかを十分知らない我々にとつても、科学という名の魅力は圧倒的であつた」（二頁、傍点筆者）と述懐された。両教授によって提言された「政治学の科学化」への要請は二〇年たった現在でも依然として政治学者の取組むべき課題としてほとんどそのまま残されている。

（2）最近のカント主義者は、カントが生前すでに非ユークリッド幾何学の成立を知っていた可能性のあることを主張しているように思われる。もちろん、カントの哲学が公理のもつ綜合的性格を正しく理解し、その上に打ち立てられていることはいうまでもないし、非ユークリッド幾何学の発見によって、一九世紀のカント主義者たちがなんとかそれをカント哲学の体系の中に包摂するよう苦心してきたことも事実である。しかし、晩年の彼がよし非ユークリッド幾何学の論理的に成立可能なことを知っていたとしても、彼自身の哲学体系がユークリッド幾何学の物理的対象に対する絶対的な経験的妥当性を前提として打ち立てられていたということは否定されるものではないであろう。Gottfried Martin: *Immanuel Kant. Ontologie und Wissenschaftstheorie*, 1951. 門脇卓爾訳「カント——存在論および科学論」（岩波書店、昭和三七年）第二節。

（3）Plan des travaux scientifique nécessaires pour réorganiser la société.（*Systéme de politique positive*, réimpression de l'edition 1851-1881., tome quatrième et dernier, p.77.）土屋文吾訳「社会再組織に必要なる科学的工作案」（昭和三五年、河出書房新社）いうまでもなく、本書は元来、当時コントが秘書をしていたサン・シモン（Saint-Simon）の「産業者教義問答」の第三集として出版されるはずのものであったが、特にコントの希望によって彼の名で刊行することが許されたものであった。コントとサン・シモンは本書の立場をめぐる意見の対立から袂をわかったことになるが、コントのデビュー作ともいうべき本書は著者自身も晩年に至るまできわめて重視し、「実証哲学講座」六巻（*Cours de philosophie positive*）と並ぶ後半生の主著「実証政治学体系」四巻（*System de politique positive*）の第四巻に再録されたものであるが、そこにはすでにコントの生涯をかけて追求した研究主題とその方法、問題意識が見事に集約されている。

（4）例えば、コントは当時の社会解体をアンシャン・レジームにおける社会的組織原理が崩壊し、新しい時代に即した組織原理がまだ確立されていないところに由来すると考える。そして、王の統治機構の側よりする社会的再組織のこころみを、社会的再組織という点では評価しつつも、それが内容においてアンシャン・レジームの復活を志向しているという点で、文明の進歩を否定し、歴史的進化の法則に逆らう暴挙と断じ、実現不可能な反動としてこれを激しく斥ける。一方、人民の社会の側よりする再組織の計画も、歴史的進化の流れに沿っているという点では王党の立場より一段進んでいるが、しかしその原理は封建社会の破壊と反動に対する批判としては有効であっても、例えば国家機能の極小化や分断の主張にみられるように、かえって社会的無政府状態を現出せしめ、新しい産業社会の統合原理とは到底なりえないものであり、文明の進歩の障害となると批判する。そしてこの両者にかわるものとして自然科学における諸原理と同じように、信頼できる社会再組織のための社会改造「計画の基本的観念、社会関係の基軸となる新しい原理の開発と社会の指導原則となる一般的観念体系の形成を目的とする」（*op.cit.*, p.63）実証的理論の確立を科学者に課せられた時代の要請と考えたのであった。このコントの直面した問題こそ、その後一〇〇年間、政治学と社会学の交錯領域における重要な論争点の一つとなった国家対社会の対立と分裂の問題であったわけであるが、彼の「発見」した学問の「神学的」「形而上学的」「実証的」発展段階説とは、実はこの反動的王党と人民の側のジャコバン的急進主義と産業社会における新しい社会的統合原理にそれぞれ対応させらるべく「発明」された法則であったという点では、まさしく彼の独創であったのである。

（5）Karl R. Popper, *The Poverty of Historicism*, 1960. 久野収・市井三郎訳「歴史主義の貧困――社会科学の方法と実践」（中央公論社、昭和三六年）, "Prediction and Prophecy in the Social Science," in *Conjecture and Refutations : The Growth of Scientific Knowledge*, 1963.

（6）Albert Somit & Joseph Tannenhaus, *The Development of American Political Science : From Burgess to Behavioralism*, 1967, chapt.1,3,6,9.

（7）Heinrich Rickert, *Kulturwissenschaft und Naturwissenschaft*, 1898. 佐竹哲雄訳「文化科学と自然科学」（大村書店、大正二年）（第三版よりの訳業）、佐竹哲雄・豊川昇訳、同名書（岩波文庫、昭和一四年）（第七版よりの訳業）

（8）蠟山政道「日本における近代政治学の発達」（昭和二四年、実業之日本社）一五五頁。なおこの新カント派のわが国政治学界に与えた影響については同書、第二章、第三章を参照。

（9）多元的国家論の与えた影響および「政治概念論争」については、潮田江次「政治の概念」（昭和一九年、慶応書房）、蠟山政道、前掲書第三章を参照のこと。又この論争の過程については中村菊男「政治学」（世界書院、昭和二九年）にきわめて詳細かつ客観的に紹介されている。

（10）エンゲルス、大内兵衛訳「空想より科学へ――社会主義の発展」（岩波文庫、昭和四一年）六〇頁。
（11）Jean-Paul Sartre, Matérialisme et Révolution―Ⅰ. Le mythé révolutionnaire, *Situation* 1949 多田道太郎訳「革命の神話」（人文書院、昭和二八年）
（12）エンゲルス、前掲書九二頁。
（13）エンゲルス、マルクス＝レーニン主義研究所訳「共産主義の原理――共産主義の信条草案」（昭和二七年、大月書店）七六頁。
（14）Robort S. Hartman, *The Structure of Value: Foundations of Scientific Axiology*, 1967.
（15）Heinrich Rickert, *op. cit*
（16）エンゲルス、前掲「空想より科学へ」六〇頁。
（17）Karl Popper, 前掲、「歴史主義の貧困」七〇頁。
（18）同書、第一章、第二章。

第二章

政治学における行動論的接近の発展

一

政治学は古くて新しい学問だといわれる。たしかに、政治学の起源をどこにもとめるかは、政治学の性格をどのようなものとして理解するかによって変わってくるであろう。なるほど、アメリカの政治学者ユーロー（**Heinz Eulau**）の指摘するように[1]、政治学（**political science**）の起源をどこにもとめるかは、結局、好みの問題に帰するのかもしれない。

もし、政治学を政治に関する知識の体系的探究と考えるならば、その起源は明らかにプラトン、アリストテレスにまでさかのぼりうる。しかし、政治に関する科学、つまりポリティカル・サイエンスのサイエンスという点に注目して、神学や倫理学といったもろもろの形而上学からの独立という点に経験科学としての政治学の成立をもとめるならば、政治の世界に対する現実的記述の学としての政治学の確立はマキャヴェッリにもとめられるべきだろう[2]。もちろん、単に経験的接近という点からだけみれば、アリストテレスの研究方法はすでにきわめて経験的であった。しかし、倫理学と経済学、政治学を概念上明確に区別したアリストテレスにあっても、個人に関する倫理学、家庭に関する倫理学、全体社会に関する倫理学というその位置づけからもわかるとおり、その研究は、あるべき行動、あるべき制度の探究という至高善にむけられた明確な一線によって貫かれていたという点において[3]、政治学の経験科学としての独立はやはり現実主義者として終始したマキャヴェッリや同じ世紀のボーダンの業績にまでくだらないわけにはいくまい。フランスの政治学者モリス・デュヴェルジエ（**Maurice Duverger**）は、一七世紀イタリアに生まれた「統計学」の名で呼ばれたところの、国家に関する記述的科学を政治学の祖先であるという風に考えている[4]。

さらに、もし政治学の起源を人間生活の政治的側面にのみ焦点づけられた独立の個別科学としての成立にもとめるならば、その歴史はわずかに近々一〇〇年のことにすぎなくなる。チャールス・メリアム（Charles E. Merriam）によれば[5]、アメリカにおける最初の政治学に関する体系的論文があらわされたのは、ドイツの著名な歴史学者ニーバー（Niebuhr）の弟子で、アメリカに亡命したリーバー（Francis Lieber）の手によってであって、それはようやく一九世紀の半ば近くになってからのことであった。このリーバーは種々曲折ののち、一八五六年にコロンビア大学に設けられたアメリカ最初の独立の政治学の講座の教授に就任する。一方、当時、アメリカのカレッジ教育における歴史学、公法、政治学の教育の欠如に強い不満をもってドイツに留学したバージェス（John W. Burgess）が、ドイツの大学を範にとって、アメリカにおける最初の大学院レベルの政治学部（the School of Political Science）を同じコロンビア大学に設立させることに成功したのは、ようやく一八八〇年のことであった[6]。つまり政治学はアメリカにおいては一九世紀末にはじめて、大学における独立の学科としての地位を確立したわけである。

このようなアメリカにおける政治学の個別科学としての基礎づけと、大学における独立の学部としての制度上の地位の確立に大きく寄与した肝心のドイツでは、政治学は長く国家学や国法学の圧倒的影響下に呻吟《しんぎん》していた。一九世紀に入ると国家科学（Staatswissenschaft）の一分野として、ドイツではこれまで政策学（Politik）という標題のもとに行なわれてきた国家の行なう政策、技術を中心とした国家学の研究書がしばしば発表されるようになった。原田鋼教授はこの中でロバート・フォン・モール（Robert von Mohl）の政策学の中に、国家学から政治学の分化の緒を見出している[7]。しかし、政治技術と峻別された真理の探究を任務とする政治学の独立は、ブルンチュリ（J. K. Bluntschli）が一八七五年、従来の彼の学説を一変して、その著「近代国家理論」の第三冊に新たに「科学としての政治学」（Politik als

Wissenschaft）をつけ加えた時まで待たなければならなかった。

ところが、このブルンチュリのせっかくの試みにもかかわらず、政治学はドイツにおいてはその後も結局十分開花することなく、一九三三年のナチスの支配を迎えるようになる。第二次大戦後、ユネスコの編纂した「現代政治学」（*Contemporary Political Science*）[8]におけるドイツ政治学の項は、ほとんどが、国家学とその個別的具体化であるドイツ、オーストリアの憲法、行政法の概観に終っている。つまり、原田教授によって指摘されたように「一八七一年のドイツ帝国の建設とビスマルク憲法の成立は『科学としての政治学』を再び、国法学や概念法学のなかに吸収し、解消するうえに、不幸な役割を演ずることになった。なぜならば、ビスマルク帝国の強靱な国家秩序や法秩序を前提として、『政治』は単に国家統治権の行使の手段として把えられるにすぎなくなり、せいぜいモール的な政策学、国家技術学に復帰し、停止せねばならなかったからである。このようにして、国法学や国家学に従属して、その自律性を喪失したドイツ政治学は、権力と自由とに対する分析的な考察をこころみることなく、今日にいたるまでほとんど顕著な学問的進歩をみせていない[9]」。カール・シュミット（Carl Schmitt）とならぶ両次大戦間のドイツが生んだ最大の政治学者ヘルマン・ヘラー（Herman Heller）が、政治学が古代オリエントにおいて決してみられず、ギリシャにおいてはじめて出現した理由を、アテネやシシリーの都市国家における民主主義運動と直接結びつけて説明した時、それは彼自身の痛切な政治的体験に裏打ちされていたのである[10]。

いずれにしても、個別科学としての政治学の歴史は意外に新しい。そしてこのような政治学の個別科学としての独立は、一九世紀のヨーロッパとアメリカにおける産業化の進行と、それにともなう社会生活の諸側面の複雑化と分化、デュベルジェの指摘するように[11]、そこから生ずるところの、これら対象に対する接近技術の多様化に正しく対応していたのである。この新しい産業社会の社会生活の諸側面は、どの一つをとってみても未知の事柄でみちており、緊急の解明を要するそれら諸問題への接近の技術はあまりにも未発達であった。いまやだれの目にも、社会生活の全面を一つの学問として統一的に探究することは力にあまることであった。複雑に分化した社会生活の諸側面は、その一つ一つを独自の研究対象とする研究者たちによって専門的に取り組まれ、その個別科学の特有の探究のための分析用具や概念、分析枠組を発展させていくようになった。コントやマルクスやスペンサーによって、社会に関する科学として構想された壮大な社会哲学は、世紀末には、経済学、歴史学、社会学、社会心理学、政治学といったもろもろの社会諸科学へと分解し、専門化し、その相互の関連性は次第に見失われていったのである。

ところで、このような個別科学としての政治学の独立の要請が、社会生活における政治的側面の分離に対応していたとすれば、かかる政治学にもとめられるものは、当時の政治生活の提起する実践的課題の解決にもっとも有効な接近の方法を見出すことであり、さらに、かかる分析の結果の真理性を保証する方法的基礎を確立することであった。バージェスをはじめとする一九世紀末のアメリカの政治学における支配的傾向はおしなべて科学方法論としては自然科学的、接近の方法として歴史的、比較論的であった。自然科学の理論における目を見張るような発展と、その応用としての産業技術における自然環境に対する人間の統御能力の驚くべき増大を目のあたりにしていた当時の政治学者が、自然法思想の影響を脱し、道徳哲学から科学としての独立をもとめようとしたとき、ごくナイーブに当時存在していた唯一の科学であるこの輝かしい自然科学に科学の範をもとめたとしても、それはごく自然の勢いであったし、法学的国家観を離れ、実証主義的経験主義の立場に徹しようとするものにとって、ナショナリズムと民族主義に焦点づけられた政治的対立の時代において、もろもろの政治思想や諸制度を比較し、歴史的に検討し、それぞれの立場、制度の正統性を立証することは時代の政治的要請にも合致していたのである。

他方の極にイェリネック（**George Jellinek**）を最高峰とするドイツ国家学のよって立つ新カント派、とくに西南学派の立場があった。彼らも同様に自然科学の影響をうけた。ただしかし、彼らは合理主義の伝統を捨てようとはしなかった。彼らは、社会に関する科学を歴史的文化科学の範疇のもとにとらえ、自然科学との対象と方法における質的相違を強調し、社会科学の方法的独自性を主張することによって、社会科学を自然科学と対等の位置までひきあげようとしたのであった。さらに、イェリネックにみられる国家社会学と国法学をいわゆる方法二元論のもとに調和させようという試みは、国家学における接近の方法を典型的にしめしたものであった。[12]

アメリカ政治学がむしろ接近の方法を深め徹底させることに関心をもったのと対照的に、ドイツ国家学は限定された市民的自由の枠の中で、彼らの学問的関心をもっぱら個別科学としての方法論的基礎づけという哲学的問題に集中したのである。

二

アメリカ政治学における実証主義的経験主義の徹底は、やがて二〇世紀に入るとその理論的帰結として、政治的現実に対する冷徹な分析、メリアムのいわゆる観察と調査（**survey**）と測定への強い傾斜をもった時代へと突入していった。[13] もともと歴史的研究には社会学的分析の要素が含まれている。ことに歴史の浅いアメリカにおいては歴史的研究の深化が、やがて社会学的分析の優位と制度論的分析に対する厳しい批判へとすすんでいくことは、ごく当然の成り行きであった。世紀末においてまだ政治学との分離が明確でなかったアメリカ社会学の建設者ギディングス（**Franklin Henry Giddings**）やスモール

（Albion Small）らの諸説とともに[14]、グンプロヴィッツ（Ludwig Gumplowicz）やラッツェンフォーファー（Gustav Ratzenhofer）らのオーストリア社会学者の社会学的国家観もこのような社会学的分析の普及に対する豊かな素地を形成した。

ところで、この観察と調査と測定の時代における一般的傾向であった素朴な帰納主義的経験主義への信仰、事実発見第一主義の中にあって、その観察事実を明確な理論図式と分析枠組の中に位置づけることによって、言葉の現代的意味において真の科学としての政治学確立の先駆となったものに、一九〇八年、『政治過程論』（*The Process of Government*）を発表したアーサー・ベントレー（Arthur F. Bentley）がある。ベントレーはアメリカにおける国政や市政がもろもろの社会集団間の集団利益の主張とその調整という形で展開していくという現実を、ジャーナリストとしての鋭い目で見抜き、政治学の研究を制度ではなくて活動（activity）とその政治的表現として集団過程に焦点づけるべきことを説いて、現代の政治学における過程論的、集団的接近の嚆矢《こうし》となったのである。

彼の研究は言うまでもなく上述のような世紀末のアメリカ政治学、社会学界の土壌の上になりたったものであったが、ガーナー（James W. Garner）やゲッテル（Raymond G. Gettell）らに代表される制度論的政治学がなお色濃く支配していた当時の政治学界においては、このような試みはまだ時期尚早で、社会学者たちにこそ大層好意的に評価されたものの、政治学界においてはきわめて冷やかに受けとめられ[15]、第二次大戦後、デビッド・トルーマンによって再評価されるまで[16]、ほとんどアメリカ政治学の発展に直接影響を与えることもなく埋もれていた。

ベントレーが過程論的、集団的接近によって、現代の政治学における社会学的接近の先駆となったとすれば、同じ現代の政治学におけるもう一つの重要な接近方法である心理学的接近の先駆となったのが、同じ一九〇八年、『政治における人間性』（*Human Nature in Politics*）を発表し、合理主義的政治観にはっきりと訣別をつげたイギリスの社会心理学者グレハム・ウォラス（Graham Wallas）の業績である。ウォラスの業績はわが国では米山桂三教授によって、いちはやく紹介されたが、[17] アメリカでも、彼の所説に深く傾倒し、のちに世論研究の基礎を築いたウォルター・リップマン（Walter Lippmann）というすぐれた紹介者をえて、不遇だつたベントレーとは対象的な幸運な道をたどった。この主張ははやくからアメリカ政治学界の注目をひき、メリアムをはじめとする、その後のアメリカ政治学におけるパーソナリティ研究と心理学的接近の強い潮流の端緒となった。ウォラスはある時期、フェビアン社会主義者として、ロンドンで社会運動の実践に参加し、ロンドン大学の政経学部（London School of Economics and Political Science）の前身、青年労働者のための夜間学校の創設以来のスタッフでもあったが、当時の一般の強い期待であった普選の実現による民主主義の制度的完成が、その事実上の実現にもかかわらず、民衆の低い投票率と選挙運動の巧拙によって結果が左右されるという非合理的現実によって裏切られた時、自身で実際政治の渦中に身を投じた経験は、理性的人間像の上に形成された従来の政治学に対する深い反省をもたらし、人間性の再検討を通じて、政治行動の非合理性とその社会心理の分析へと立ち向かわせることになったのであった。[18]

現代政治学の先駆として最後にあげなければならないのが、第一次世界大戦と戦後ヨーロッパの社会的分裂を背景に、英国やフランスを中心に発展した多元主義的国家論――ウォラス自身もその一人である――の影響である。もともとこの理論は国家の絶対性に対する挑戦として登場したものであったが、連邦政府・対・州権という伝統的対立によって、中央政府の権限が相対的に強い制約をうけ、しかも社会生活の諸側面における私的自治の範囲がヨーロッパに較べればはるかに広範に許容されているアメリカにおいては、元来の戦闘的なイデオロギー的側面は消え、むしろきわめて現実的な社会分析の理論として広く受けいれられるようになった。ことに、その社会学説の基本的枠組を英国時代に完成しながらも、アメリカに迎えられて、後半生の研究教育活動をアメリカに捧げ、アメリカ社会学に不滅の名をとどめたマッキィーバー（Robert M. MacIver）という恰好のスポークスマンをえて、この理論は間接的にではあったが、その後のアメリカ政治学の発展に深い影響のあとを残したのであった。

アメリカにおいてみられた現代の政治学の源流ともいうべきこれら諸潮流は、一九二〇年代の末から、三〇年代のはじめにかけて、マンロー（William Bennett Munro）、キャトリン（G. E. G. Catlin）、メリアムらの出現によって次第に集大成され、やがてメリアム自身を中心にいわゆるシカゴ・スクールが形成されるに至って、現代の政治学は徐々にその輪廓をあらわすようになる。マンロー、キャトリン、メリアムらの特色は、接近の方法、研究の技法と密着した論証の手続としての科学方法論に対する鮮烈な自覚である。

戦前、ドイツのいわゆる新カント派、ことに西南学派の影響を強くうけた日本の政治学者は、しばしば、たとえばキャトリンに代表されるこれらアメリカの政治学者を、方法論的に無頓着であるときめつけ、このような断定にもとづいて、経験的内容においては多元主義的国家論の影響をうけいれながら、これを新カント派の科学方法論によって基礎づけようという、さまざまな努力をこころみた[19]。なるほど、これらアメリカの政治学者は西南学派のように、接近の方法や探究の技法と切りはなされたところで、政治学はいかにして独立の個別科学として成立しうるかといった命題について、思弁を展開することにはほとんど関心をしめさなかった。キャトリンは政治学を人間関係に関する形式科学と規定して、政治学と社会学は不可分であると説いていたし[20]、メリアムはすでに分立した社会諸科学の再統合の必要を明敏に察知していた。かれらの方法論的関心は、経験的研究の中で、接近方法や探究の技法と論証の手続としての科学方法論をいかに有機的に結びつけるかという点に集中されていたのである。

一方、経験的研究に対する制約がきびしく、政治生活の現状に対してみるべき知的共有財産を形成していなかつた当時の日本の政治学者にとって、このような方法論的問題の重要性に関する理解はたしかに乏しかった。むしろ、彼らにとっての問題は、政治学が方法論上、どうすれば法学の下位科学としての地位から脱することができるかという点にかかっていたのである。アメリカの政治学に関する日本の政治学者の誤解は、このような双方の関心のずれから生じたものであった。

マンローは政治的左右の対立の動と反動の過程を、政治史における基本的法則としてとらえ、これを振子の法則と名付けたが、この例に典型的に示されているように、彼は物理学の理論をアナロジーすることによって、政治学を科学化しようと試みた[21]。キャトリンは元来、マッキィーバーと同様、英国で政治学者としてのスクートをきりながら、主としてコーネル大学にあって壮年期の研究、教育活動のほとんどをアメリカで送った学者であるが、彼は経済学の理論に範をとり、利潤追求的「経済人」（Economic man）に対応する「政治人」（Political man）として権力追求的人間を想定し、経済学における「市場」に、のちにラスウェル（Harold Lasswell）によって引き継がれたところの、権力追求の「市場」としての「政治的闘技場」の概念を対置し、政治学を権力の社会学として構築することを構想した[22]。さらに、メリアムは、政治はそれが展開される環境との関連で研究されるべきであり、その意味で新しい政治学は急速に発展しつつある隣接諸科学の成果、ことに心理学と統計学の手法を大いに導入しなければならないと強調し、政治研究を政治心理学として再構成すべきことを訴えた[23]。

マンロー、ついでキャトリンがより急進的であつたが、彼ら三人はいずれも政治行動が仮説の定立と厳密に統制された観察と測定によるその検証といった自然科学における同様の論証手続を適用することによって解明できると確信していた点で、当時のアメリカ政治学における科学主義の風潮を代表していた。言うまでもなく、彼らの科学主義は、当時のアメリカの社会科学における膨大な事実発見と統計学や社会調査技術の急速な発展に根ざしていた。もちろん、このような一般的な風潮に対して批判がなかったわけではない。しかし、これら自然科学的方法と量化の可能性とその限界についての批判もまた、同じ当時のアメリカにおける社会科学の研究状況の土壌の中から生まれたという点で、これら批判はそのまま三〇年代以降の政治研究の中で、その科学主義を信奉する研究者に、絶えず問題を問いかけ、その内在的批判を通じて現代の政治学の方法的発展の滋養として吸収されていった。

これら批判の典型的例の一つが、マッキィーバーによって提起されたランドバーク（George Lundberg）に対する批判である。すなわち当時の科学主義の急先鋒で、社会調査の学問的創始者ともいえる社会学者ランドバークは、社会科学も他のすべての科学と同様にその対象を厳密に事実命題に限るべきであり、「もしなになにならば、なになにである」といういわゆる if-then 形式で記述することによって、社会科学を予測可能な説明科学たらしめなければならないと主張していた[24]。これに対し、マッキィーバーは、風に舞う木の葉と群衆に追われる男という有名な対比において、人間行動における目的論的性格を強調し、社会科学独自の方法の必要性を強調したのであった[25]。

さらに、チャールズ・ビアード（Charles A. Beard）は、政治学のすべての対象が科学的方法において解明しつくされるものではないとして、歴史研究における感情移入の必要性に対する注意を喚起した[26]。いわゆる新カント派的了解概念は、ビアードにあっては、一つの学の成立の基礎となる認識論としてではなく、政治学におけるさまざまな接近方法の一つとして位置づけられたのである。

このような目的論的立場や了解的方法にもとづく自然科学主義に対する批判は、以来今日に至るまで、さまざまに変奏されつつ、たえず社会科学における方法論的独自性の主張となって繰り返し提起されつづけている。

三

今日、政治行動論（political behavior）とか政治学における行動論的接近（behavioral approach）の名で呼ばれるようになった「科学としての政治学の建設」をめざす、政治学の革新運動、いわゆる行動論革命（behavioral revolution）の起源を、一九二〇年代から三〇年代にかけてのアメリカにおけるシカゴ学派（Chicago School）の成立にもとめることは、それほど異論はあるまい。その意味で、かかる政治学の革新運動の必要性を主張したシカゴ学派の創始者メリアムが一九二五年に発表した「政治学の新たなる視角」（*New Aspects of Politics*）をもって言葉の厳密な意味で政治学（political science）の真の出発であると説く主張も、あながち突飛なものとはいえない[27]。

もっとも、メリアムはたしかにシカゴ学派の中心ではあったが、おそらく投票行動の研究で彼の共著者となったゴスネルを除いては、その同僚や弟子たちを彼の学説一色で染めあげるということはしなかった[28]。むしろ、この学派の特色はいずれもが、当時の政治学の支配的傾向であった制度論的、法学的、歴史的、そして理論を欠いた単なる事実第一主義の素朴な実証主義的接近方法に強い不満をもち、なんとかして政治学を観察的データに基礎づけられた厳密（rigorous）な説明と予測の科学たらしめようという強い動機づけで結びつけられていたという点にもとめられよう。もちろん彼らはメリアムから、その心理主義の根底にある政治関係は基本的に個人間の関係に還元できるとする原子論的立場や、われわれの課題は提起された問題の解明にあり、そのためには個別科学としての政治学の枠にとらわれることなく、隣接諸科学の成果を縦横に援用していかなくてはならないという問題解決的接近方法（**problem-solving approach**）、さらに統計学や数学を導入することによって、観察結果やその命題を量的に記述するといった計量化や数理化への強い傾向、こういった諸傾向のすべて、あるいはそのいくつかをそれぞれ受けついでいた。しかし、彼らが共有したものは、このような接近の基本的な態度までであって、それから先は全く自由に、それぞれ独自の研究領域と接近方法の開拓を競い、その努力は第二次世界大戦をはさんでその前後に、実に多様な研究成果となって実を結んだ。

おそらくこの学派の中で、理論面で最も傑出した独創性を発揮したのはラスウェルとサイモン（**Herbert A. Simon**）であったろう。ラスウェルは初期の作品「精神病理学と政治学」（***Psychopathology and Politics***, 1930）で精神分析学の大胆な導入という形でメリアムからその心理主義を受けついだ。しかし、理論的にはキャトリンの影響を強くうけ、代表作の一つ「政治」（***Politics: Who Gets What, When, How***）では、政治の研究とは勢力（**influence**）と勢力家（**the influential**）の研究にほかならないとして[29]、政治学を権力の科学として構想した。もっとも、彼は権力を意思決定への参与（**participation in the making decision**）としてとらえたという点で、権力を権力の追求という文脈でとらえたキャトリンや、権力の正当性といった心理的側面により関心をしめしていたメリアムとは区別される。しかも、主著「権力と社会」（***Power and Society***, 1950）で明快に定義化したように、権力概念を厳密な観察、測定に耐えうる操作概念として確立したという点で、権力研究の新生面を開いたものとして、画期的なものであったし、その点でキャトリンやメリアムをはるかにこえていた[30]。

ラスウェルはさらにメリアムの問題解決的接近を発展させ、問題解決のための実践的選択の意思決定の科学として、諸科学の協力（**interdiciplinary**）による政策科学（**policy sciences**）を提唱し、そこに理論と実践と価値の接点をもとめた。社会諸科学の綜合研究という意味で画期的な論文集であった「政策諸科学」（***The Policy Sciences***, 1951）として結実したように、この構想は第二次世界大戦と戦後の再建期という国際政治状況を背景として、まず戦争と革命と平和の政策学として具体化されたが、このような構想は今日より一般化された形で社会工学（**social engineering**）の発展の中に吸収されていったと言ってよい。

サイモンもまた意思決定を研究の焦点にすえた。一九四五年の「経営行動――経営組織における意思決定の研究[31]」（***Administrative Behavior: A Study of Decision-Making Processes in Administrative Organization***）は、いわゆる能率概念を中心に形成された政治過程論的アメリカ行政学に対する革命的問題提起の書であったが、第二版の序文で自身誇らかに記しているように、その表題やサブタイトルにすでに今日社会科学で一般化している「行動」（**behavior**）「意思決定」（**decision-making**）「組織」（**organization**）といった言葉がいずれも使用されていたことからもわかる通り、たしかに、そこには次代の中心的問題が明らかに先取りされていた。サイモンはこの書で、目的合理的手段の選択という形で、事実と価値の問題を結びつけ[32]、この学派の一般的傾向であった分析における事実と価値の峻別と、科学としての政治学の研究を前者の領域に限定しようという態度が、決して単純な事実と価値の二分法的態度や価値の問題を科学の射程外としてその研究からしめだす態度に通ずるものではないことを明らかにし、ラスウェルの政策学とならんで、政策と価値の接点を意思決定の科学にもとめたのであった。ラスウェルの研究が一般的言語による記述に限定されていたのに対し、サイモンは大胆にその研究に記号論理や数学を導入していった。今日のサイモンは狭い意味での政治学者や行政学者の名で呼ぶことばおそらく不適当であろうが、「人間行動のモデル」[33]（*Model of Man*, 1957）は徹底した原子論的立場にたって、数学的モデルを駆使することにより、人間の選択的行動から出発して、広く人間の社会行動の合理的、非合理的側面にまで関心を拡大していった彼の研究の一つの到達点をしめすものといえよう。

クインシー・ライト（Quincy Wright）とフレデリック・シューマン（Frederick L. Schumann）は、今日、行政学とならび、政治学の下位科学というより、むしろ対等の立場に立つ独立の科学といってもいいほどに発展した国際政治学の領域で、ラスウェルやサイモンに較べればはるかにおだやかなやり方ではあったが、その学問的基礎の確立に努力した。[34] V・O・キィー二世（V. O. Key Jr.）は、地域社会における政治構造を政治指導と投票行動に焦点づけて、アメリカの南部諸州における一党制の実態を徹底的に追求した実証的モノグラフ「南部の政治」（*Southern Politics*, 1949）を発表し、メリアム、ゴスネル流の投票行動研究や地域社会における政治構造の研究の問題関心を発展させた。一方、デヴィッド・トルーマン（David B. Truman）はこれまたメリアムの問題関心の一つであった統治機構の側に研究を集中し、名著「統治過程論」（*Governmental Process*, 1951）においてベントレーの名誉回復を行うとともに、アメリカ政治学の伝統である政治過程論に確固とした現代政治学の理論的骨組みを与えた。

世論や政党研究と同時に政治学の方法論的問題にも鋭い関心をしめしたレザーソン[35]（Avery Leiserson）や、さらにデ・グレージア（Alfred De Grazia）もまたこの学派の革新運動の旗手であった。プール（Ithiel de Sola Pool）は一九六〇年のケネディとニクソンの間で争われた大統領選挙に際し、投票行動についての従来のデータを基礎に、コンピューターを大幅に活用して選挙の結果を予測する大規模なシミュレーションをこころみ、ケネディの勝利を予測すると同時に、投票行動研究に画期的な業績をうちたてた。[36] 最後にアーモンド（Gabriel A. Almond）は、比較政治学の領域で政治的全体社会の上に成立する政治関係を、ウェーバーとパーソンズ（Talcott Parsons）から示唆をえて、行為の体系としてとらえ、これを政治体系として位置づけた。事実上、中央政府の政治的支配がおよばない部族社会や政治的分裂状態にある社会を除いて、伝統的政治学における国家概念にほぼ対応するこの政治体系の概念は、本来少なくとも、アーモンド自身によっては、比較政治学における厳密な観察と測定のための、数量化をめざした操作概念として構想されたものであったが、その本来の意味での有効性ははなはだしく疑問であるにしても、比較政治学における一つの分類枠組としては少なくとも学問的市民権を獲得したかのようにみえる。[37]

四

ところで、このシカゴ学派に代表されるような伝統的政治学に対する革新運動は、第二次大戦の終わったほぼ一九四五年ごろから、次第に政治行動論（political behavior）という名前で呼ばれることが多くなってきた。元来、政治行動（political behavior）という用語自体がアメリカの政治学者たちによって使われるようになったのは、第一次世界大戦後のことであるという。[38] メリアムはすでに一九二五年にアメリカ政治学会の有名な会長演説でこの言葉を使い、政治学者は数年をまたずしてその研究の本質的対象の一つとして政治行動に注目する日がくるに違いないと論じている。[39] アメリカの指導的政治行動論者の一人ロバート・ダールによると、アメリカで最初に「政治行動論」（*Political behavior*）という表題の著書を発表したのはフランク・ケント（Frank Kent）というジャーナリストだった。[40] 彼はジャーナリスト一流の皮肉なリアリズムから、この言葉を制度上の、あるいは表向きの、おこるとされている事柄ではなく、現実に生じた政治の実態という意味に用いたという。アカデミックな政治学者として、はじめて「政治行動論」という本を書いたのは一九三七年、スウェーデンのティングステン（Herbert Tingsten）であったが、これはヨーロッパの選挙の統計的比較研究を行なったものであった。[41] 一九四二年のゴスネル（Harold F. Gosnell）の「民衆の政治」（*Grass Roots Politics*）はサブタイトルに「投票行動」（National Voting Behavior of Typical States）という言葉を使っていたし、先述のサイモンの「経営行動」が出版されたのは一九四五年のことであった。

政治行動論という言葉が一定の傾向をもった政治研究に対して冠される言葉として次第に定着するようになったのは、メリアムの努力によって設立された社会科学研究会議（Social Science Research Council）が、一九四五年に、その中に政治行動論委員会（A Committee on Political Behavior）を設けた時以来のことであろう。この委員会はその後四〇年代の末から五〇年代にかけて、このような行動論的研究の推進の中心的存在として大きな役割を果たしていく。ダールはこのような政治学における革新運動を概観した有名な論文「政治学における行動論的アプローチ――反抗運動の勝利の記念碑銘」（"The Behavioral approach in Political Science: Epitaph for a Monument to a successful Protest"）において、[42] 行動論的接近の発展の要因として、クリック（Bernard Crick）の指摘した、[43] アメリカの文化に根ざすプラグマティズム、事実尊重主義、科学に対する信頼といった諸態度を基本的背景として、より直接的刺戟《しげき》として、メリアムとシカゴ学派の集団的影響力、およびこの社会科学研究会議の与えた刺戟に加えて、つぎの四つの要因をあげている。

一つは、一九三〇年代の多数のヨーロッパ人学者、ことに亡命ドイツ人のアメリカへの渡米である。彼らはいずれもヨーロッパ社会学、なかんずくマックス・ウェーバーの強い影響をうけており、政治に対する社会学的アプローチは彼らの手によってアメリカにもちこまれたのである。彼らはやがてアメリカの大学の社会学科や政治学科で指導的地位をしめるようになり、政治研究に社会学の理論や心理学の理論の必要をといて、マルクス（Marx）やデュルケーム（Durkeheim）、フロイト（Freud）、パレート（Pareto）、モスカ（Mosca）、ウェーバー（Weber）、ミッヘルス（Michels）といった人びとの学説の研究を強調したのであった。フランツ・ノイマン（Franz Neumann）、シグマンド・ノイマン（Sigmund Neumann）、ポール・ラザースフェルド（Paul Lazersfeld）、ハンス・スパイヤー（Hans Spier）、ハンス・ガース（Hans Gerth）、レインハード・ベンディックス（Reinhard Bendix）といった人びとは、みながみな厳密な意味で行動論的アプローチを支持しているわけではないが、いずれにしてもアメリカにおける政治研究の発達に深い影響を与えたのである。そして、社会学の一分野としての政治社会学がさかんになり、従来の政治学の領域に社会学者がどんどん進出してくるようになったのである。

第二は第二次大戦の刺戟である。大戦中、大部分の学者は象牙の塔を出て、現実の政治的、行政的問題にたずさわった。そしてこのような実際政治にとりくんでみて、「予測」はもとより、現実の正確な「記述」に対してさえ、従来の政治学のアプローチがいかに無力であるかを痛感したのであった。この戦争経験の反省が、その後の行動論的接近の隆盛に強く反映している。第三は調査方法の急速な発達である。たとえば投票行動の研究でも、ティングステンの時代には選挙結果の全体的統計以外に利用できるものはなかった。ところが、今日では調査方法の進歩によって、研究目的に応じて直接に個人の特性や行動を調査することが可能となり、この分野の研究は飛躍的発展をとげることとなった。政治学者もこのような社会科学の新しい調査方法や統計技術を身につけることによって、政治学の新生面をひらくことができるという希望がもてるようになったのである。

最後に、カーネギー、ロックフェラー、いちばん新しいところではフォードといった財団による研究費助成である。いったい、行動論的接近は大変に金がかかる。幸いにしてこれら財団は行動論的接近に大変好意的であった。もしもこれら財団の援助がなかったら、政治行動論はこのような急速な発展は望めなかったであろう。これら諸要因によって、行動論的アプローチは一九五〇年代に入るとともに、アメリカ政治学に豊かなみのりをもたらした。かつて、政治学界の片隅の存在にすぎなかった政治行動論は、今やアメリカ政治学の主流となるまでに成長した。たいていの大学の政治学科には学部か大学院に政治行動論という科目が設けられるようになった。

ところで、政治行動論という言葉によって、いったい何をさすのかは必ずしも明確ではない。それは政治学の下位科学として、特有の研究領域をさすようにも考えられるし、政治研究におけるある一定の接近方法をさすようにもみえる。元来、とくに政治行動（**political behavior**）という言葉を伝統的な日常慣用語である政治（**politics**）という言葉にかえて使う場合、それは政治の制度的、法律的側面ではなく、その具体的運営をめぐる「行為」的側面を特に強調するという意味あいを含んでいた。だから、投票行動の研究といえば、選挙の制度的、法律的研究ではなく、候補者や有権者の具体的選挙運動や投票意思の決定の社会的、心理的過程の研究をさしていたし、経営行動の研究といえばフォーマルな組織や制度上の権限の配分などを研究するのではなく、具体的な意思決定の過程や組織における人間関係の研究をさしていたのである。

従って、少なくとも初期の段階においては、政治行動論という場合、それは統治機構の制度論的、法律的側面に対比される政治の行為的側面の研究、つまり主として政治社会の構造とか政治指導、投票行動、政党や圧力団体、大衆運動といった問題に焦点づけられた領域の研究を意味していた。たとえば、デ・グレージアはその著「政治学要論」（*The Elements of Political Science*）において、政治行動は政治活動の特定の領域、すべての政治に共通なある種の政治行為よりなるとして、[44]政治学の領域を政治行動論と統治組織論に二分し、政治行動論の領域に政治指導、地域社会と特殊利益、選挙、政党、圧力団体、内乱と戦争といった項目を含めていた。今日でも狭い意味で政治行動論という時、それは主として政治指導、投票行動、世論、政治的社会化、政治社会の研究といった領域をさすのが普通である。

しかし、もともと政治の行動的側面に対する研究の必要を主張するという考え方の背後には、政治学が国家や政府の制度論的、法学的研究をその任務と考えているかぎり、政治生活の真の理解と政治学を科学としてその名にふさわしいものたらしめることはできないという、積極的主張を含んでいたから、この立場は単に政治学における下位科学としての新しい研究領域の確立ということ以上の、政治学の全領域の研究がこのような研究視角からする研究によってとって代わられなければならないとする、強い伝統的政治学に対する否定と、科学としての政治学の形成を志向する強い方法論的主張を意味していたのである。したがって、一九四〇年代における、今日いわゆる分析哲学の名で総称されるようになった論理実証主義の立場からする科学哲学の影響、さらに隣接諸科学との交流が大きな刺戟となって、この政治行動論の立場は次第に分析哲学に基礎づけられた厳密な科学的方法と手続、社会諸科学の統合研究に支えられた問題解決的接近法を二本の柱とする、政治学における方法論的革新運動の立場を示す呼称として発展していくようになった。

一九五一年、社会科学研究会議がシカゴ大学で行なった政治行動論に関する大学間サマー・セミナーにおいて、デヴィッド・トルーマンはつぎのように述べてこのような立場を集約した。「政治行動論は政治学の一領域ではない。むしろ政治行動論的研究は政治学の伝統的主題の大部分を研究する一つの方法である。……この接近は二つの基本的要件を含んでいる。まず第一に、この接近は適当と思われるものはどこであれ、他の社会科学から借用して、体系的用語で概念、仮説、説明を定式化することを要求する。第二に、人間と集団の行為は、直接的観察あるいは他の行動に関するデータからの推論を通じてしか知ることはできないのだから、この接近法が用いる研究技法は、他の社会科学から導入されたものであれ、独自に発展させられたものであれ、経験的方法にもとづくものでなくてはならない[45]」。

ところで、三〇年代から四〇年代にかけて、政治学が経験したこのようなヨーロッパ社会学からの影響、問題解決的接近と隣接諸科学との協力の必要性に対する自覚、狭い意味での個別科学の枠をこえた研究調査技術の発展、これら諸現象は、単に政治学だけのものではなく、当時のすべての社会諸科学が多かれ少なかれ経験したところのものであった。一九四四年、文化人類学者ラルフ・リントン（Ralph Linton）は、自身の研究「人間の研究」（*The Study of Man: An Introduction*, 1936）を発展させて、文化人類学者と社会学者の共同研究「世界の危機における人間の科学」（*The Science of Man in the World Crisis*）を編集して「人間の科学」（the science of man）の確立の緊急性を提唱した[46]。もともと、人間の科学の試みは、文化人類学者ジョン・ギリン（John Gillin）の編集した「人間の科学の展開[47]」（*For a Science of Social Man*, 1953）に集約されているように、原子爆弾の発明にみられるような全人類をも破滅させかねない科学技術の発展に直面し、われわれは早急に人類の繁栄と生存を保障するような社会的人間に関する科学を樹立しなければならないという問題意識にもとづいて提唱されたものであった。しかし、人間の科学運動は、社会諸科学の協力を説くけれども、ただちに人間の社会行動に関する一つの科学が成立するとは考えない。むしろ、そのための謙虚なステップとして、これら人間の社会行動研究における中核科学といえる人類学、心理学、社会学といった諸科学が相互の理論や知識を交換し、共通の問題解決にむかって協力することが生産的だと考える[48]。

ところで、もし科学の方法があらゆる学問に共通の普遍的なものであるとしたならば、われわれの知識は一つの科学として体系化されうるはずである。人間の科学運動とほぼ同じ時期に、今日分析哲学における科学方法論の発展の大きな刺戟となった、あらゆる科学を物理学を基礎科学とする統合科学（unified science）たらしめようとする、きわめて急進的な「統一科学運動」（unity of science movement）がおこった。第二次大戦直後のこういった諸科学間の共同研究や統合研究を志向するさまざまな気運は、やがて五〇年代に入ると、いわゆる行動科学（behavioral sciences）の提唱となって一つに結実することになる。

五

行動科学（behavioral sciences）という言葉が一般化する契機となったのは、一九四九年、フォード財団が人類の福祉にかかわる最重要問題として平和の確立、民主主義の強化、経済の強化、民主社会における教育、個人行動と人間関係という五つの研究助成計画を設定した時、第五番目の個人行動と人間関係という研究計画をさす言葉としてこの行動科学という言葉を用いたことに由来する。この時、財団の関係者が考えていた行動科学の主題とは、政治行動論（国内政治と国際政治双方を含む）、コミュニケーション、価値と信条、個人の成長・発達・適応、第一次集団とフォーマル・オーガニゼーションにおける行動、経済体系の行動論的側面、社会階級と少数集団、行動に関する社会的抑圧、社会的・文化的変動といった諸問題であった。そして、一九五二年、同じフォード財団がスタンフォード大学に設立した行動科学高等研究センター（The Center for Advanced Study in the Behavioral Sciences）は五〇年代以降における行動科学的研究の発達に対する持続的刺戟となった(49)。

もっとも行動科学（behavioral sciences）という言葉自体は、当時シカゴ大学にあった心理学者ジェームズ・ミラー（James G. Miller）らの研究グループの造語であるという[50]。一九四九年に、ミラーを中心とする一団の学者たちは、人間行動に関する経験的に検証された一般理論の形成を目ざして共同研究をはじめた。彼らはこの研究に行動科学という名を冠した。彼らが社会科学という言葉にかえて、とくにこの言葉をえらんだ理由は、第一に彼らの志向する研究は、当然に人間の社会的領域だけでなく精神医学や生理学の一部など生物的領域にもまたがった研究を含むから、社会科学者も生物科学者も共に受けいれられるような中立的言葉の方が望ましいと考えたからであったし、第二に、戦後のアメリカの議会における科学助成をめぐる討議にしばしばみられたように、社会科学という言葉は、一般には社会主義と混同されやすく、米ソの両極的対立の下では、このような誤解を招きやすい言葉を用いることは研究費を調達する上であまり望ましくないと考えての上のことであったという[51]。

第二のエピソードはともかくとして、今日、行動科学という言葉を使う時、その中に生物学の一部を含めると同時に、伝統的社会科学の中で、主として文献学的、思弁的、規範的方法にもとづいて行なわれる研究領域、たとえば政治学の領域でいえば、政治思想の規範的研究といったものは、これを除外するという考え方は、だいたい一般化している。つまり、行動科学は社会学、心理学、文化人類学を中心とし、これと政治学、経済学、法律学の行動論的部分および生物科学の一部から構成されるわけである[52]。

しかし、先述のフォード財団の研究計画やのちの行動科学高等研究センターの構成員からみても、政治行動論は当初から行動科学において実質上大きな比重を占めていた。とくに五〇年代末から六〇年代にかけての政治学における行動論的研究の発展は、この傾向を一層促進し、今日、政治行動論は行動科学の中で社会学、心理学、文化人類学とならんで、不可分の中核的部分を構成するに至っている。行動科学は、直接的観察データ、もしくは他の行動論的観察データからの推論にもとづく、客観的、経験的証拠によって、人間行動に関する一般法則を見出し、人間行動を説明し、予測することを志向しているという点で共通の科学主義の立場に立っている。

もっとも、同じ科学主義と言っても、〔一方では〕しばしば実験心理学者や権力関係や政治指導を研究対象とする政治学者によって支持されているような、徹底した原子論的立場に立って、あらゆる人間の社会行動を個人の行動の基礎の上にたって機械論的に説明しようとする急進的還元主義の立場から、〔他方では〕文化人類学者や比較政治学者によって支持されているような、全体論的立場にたって人間の集団行動を目的論的に説明しようとする機能論的立場に至るまで、もちろん、そこには多様な立場の分化がみられる。かれらはまた、これらデータを得るために、主として質問紙調査、深層面接、参与者観察、心理実験、数学的モデルにもとづくシミュレーションなどの研究技法をとる。わが国における行動科学の研究者の中には、研究技法として数量化の方法をとるものが多い[53]。行動科学者が厳密な科学としての人間行動の研究を志向している以上、究極においてその観察や説明が量的に記述されることを理想としていることは当然である。だが、ただ、すべての行動科学者が、研究の現状において、数量化を急ぐことが、人間行動に関する知識を豊かにする上で最も生産的であると考えているわけではない。

行動科学者はまたいずれも、問題解決的接近と、そのための諸科学間の共同研究（**interdiciplinary approach**）を支持している。彼らの多くは、いつの日か人間行動に関する一つの科学が確立されることを期待している。しかし、研究の現段階においてとるべき共同研究のあり方ということになると、ここでもその戦略をめぐってさまざまな意見の対立がみられる。おそらく先述のフォード財団の研究計画は、その最も穏健な立場を代表するものであろう。そこでは、既存の諸科学が、その独立性を維持しつつ、行動科学という旗じるしの下に、共通の科学主義的信念と新しい研究技法の導入にもとづいて、人間行動の理解に焦点づけられた諸科学間の共同をすすめることを謳っている。行動科学という言葉は通常複数形で behavioral sciences と表現されるが、それはこのような諸科学間の共同という意味がこめられている。[54] 政治学においても、アーモンドは行動科学に対し、政治学のもつ独自の固有の役割の存在を強調している。[55] 一方、ミラーは同様に慎重に複数形を採用してはいるが、彼らの行動に関する一般体系理論の樹立の試みは、明らかに諸科学間の共同研究の枠をこえた統合科学への道を進むものである。このような立場をさらに急進的にしめしているのが、あえて単数形を使った雑誌「行動科学」（*Behavioral Science*）の立場である。ここでは既存の諸科学にとって代わるものであれ、あるいはそれにつけ加わるものであれ、とにかく、行動に関する一般理論の追求を任務とする統合科学の創造がはっきりと意図されている。[56] 政治学者の中では、サイバネティックスから類推した政治体系論を展開するカール・ドイッチ（Karl Deutsch）の立場が最もこれに近いであろう。[57]

ところで、このような行動科学の発展に対し、最近、内外からその批判が高まってきた。ベレルソンらの編集した「行動科学事典」（*Human Behavior: An Inventory of Scientific Findings*, 1964）が素直に指摘しているように、「現在の行動科学は些細な事柄にあまりにも厳密であり、大理論にとって重大な諸事実に対してあまり注意を払わず、あたりまえの洞察に関心をよせすぎ、指摘が多いわりに証明が少なく、独創的な一般化の積み重ねが少なく、過去に学ぶことに関心を持たず、隠語が多すぎるのである。」[58] 同じような問題は政治行動論の内部においてはさらに早くから反省されていた。ダールは先述の論文で、政治学における科学的立場の行きすぎが、往々にして研究の対象である問題の軽重をとりちがえる傾向のあることを指摘して、どうでもいいような小さな問題を現在の最もすすんだ方法によって経験的に証明してみせて、鬼の首でもとったように喜んでみたり、そのくせ重大な問題に対しては科学的に十分証明されていないことを理由に解答を回避しようとする過ちをおかしてはならないとしている。また、その妥当性が完全に証明されたとしても大勢にあまり関係のない問題と、まだ無視できない問題が残っているとしても、少しでも明らかになれば、それだけで重大な影響をおよぼす大問題と、どちらが大事かという判断をあやまらないよう、つねに広い視野にたった大胆な理論に導かれた研究の必要性がある、と訴えた[59]。

ベトナム戦争と市民権運動による社会的解体に直面したアメリカの若い政治学者の、大学紛争に端を発する行動科学に対するきびしい告発に対して、一九六九年のアメリカ政治学会における会長演説において、イーストンが「政治学における新しい革命」と題し[60]、また七〇年の同じ会長演説において、ドイッチが「政治理論と政治的行為について」と題し[61]、それぞれ再確認したのもまた、このような内在的批判を発展させることによってこれを受けとめようとしたものにほかならなかった。

われわれは最後に現在の指導的政治行動論者とその代表的研究のいくつかの簡単な在庫目録（inventory）を示しておこう。まず、方法論の領域では、科学と価値という文脈にたって、ヨーロッパ合理主義哲学の遺産をふまえながら、分析哲学の立場に立つ現代政治学の方法論的問題の所在をさぐったブレヒト（Arnold Brecht）の重厚な業績[62]と、矢継ぎ早にポレミークな問題提起をつづけて議論をまきおこしているミーハン（Eugine J. Meehan）の活動をあげなければならないだろう[63]。現代政治理論の領域では、それぞれ概念装置は異なるものの、政治学独自の分析枠組として、次第に定着してきたかにみえるいわゆる政治体系論（political system）を精力的に展開しているイーストン、ドイッチ、アーモンドらの業績とともに、ダール、ユーローらの寄与も見逃すことはできない[64]。政治意識と信条体系の領域ではなんといってもレーン（Robert E.

Lane）の業績が大きいし、[65]一つの研究分野として、政治学の側から政治的社会化の領域を確立したのはグリーンシュタイン（Fred I. Greenstein）のパイオニア的努力にもとづくものであった。[66]今日の投票行動の目ざましい発展はコロンビア大学のラザースフェルド（Paul F. Lazarsfeld）らの先駆的研究に触発されてはじめられたキャンベル（Augus Campbell）、コンバース（Philip E. Converse）、ミラー（Waren E. Miller）、ストークス（Donarld E. Stokes）らミシガン大学の調査研究センター（Survey Research Center, Institute for Social Research）のスタッフの持続的研究に依存していると言っても過言ではない。[67]さらにプールらによって手をつけられた投票行動に対するシミュレーションの適用もその研究の新生面を開くものとして注目に値する。現代政治社会の構造を追求するいわゆる地域政治学（Community Politics）の領域ではダールやジャノヴィッツ（Morris Janowitz）、ポルスビィー（Nelson W. Polsby）らの業績が目立っているし、[68]司法過程の研究はユーローやダネルスキーらによって開拓されたと言って決して間違いではない。[69]最近急激に発展したのが、比較政治学（comparative politics）の領域であるが、アプター（David E. Apter）、アーモンド、パイ（Lucian W. Pye）、エクスタイン（Harry Echstein）、ラパロンバラ（Joseph La Palombara）といった人びとは、このような発展に対し、絶えざる刺戟を与えつづけてきた。[70]

政治学における行動論的研究には、まだまだ乗り越えねばならない障害も多い。しかし、ベレルソン[71]の言うように、行動科学はもはや無くなることはないだろう。これら科学は人間の理解に重要な貢献をしてきたし、これからも多く貢献するだろうからである。われわれにとって必要なことは、おそらく政治行動論に対していたずらに批判を加え、その限界をあげつらうことではなく、むしろこの未熟な、しかし可能性に富んだ新しい接近の発育を大事に育てあげていくことであろう。

［注］

（1）Eulau, Heinz, "Political Science", *A Reader's Guide to the Social Sciences*, ed. Bert F. Hoselitz, 1970, p. 131.
（2）佐々木毅『マキアヴェッリの政治思想』（岩波書店、昭和四〇年）
（3）Hacker, Andrew, *Political Theory: Philosophy, Ideology, Science*, 1961. p. 159.
（4）Duverger, Maurice, *Methodes des Science Sociales*, 1964. デュヴェルジェ、深瀬忠一・樋口陽一訳『社会科学の諸方法』（勁草書房、昭和四三年）五頁
（5）Merriam, Charles E., *New Aspects of Politics*, 1925. pp. 56-57.
（6）Somit, Albert and Tanenhaus, Joseph, The *Development of American Political Science: From Burgess to Behavioralism*, 1967. pp. 16-17.
（7）Mohl, Robert von., *Die Geschichte und Literatur der Staatswissenschaften*, 1855. 3Bde, 原田鋼『政治学原論』（朝倉書店、昭和二八年）三頁。
（8）Adamovich, L. "The Science of the State in Germany and Austria," *Contemporary Political Science: a Survey of Methods, Research, and Teaching* ed. UNESCO 1950. pp. 23-37.
（9）原田鋼、前掲、四頁。
（10）Heller, Hermann., "Political Science". *Encyclopedia of the Social Sciences*, ed. Edwin R. A. Seligman, Vol. XI-XII p. 207.
（11）デュヴェルジェ、前掲、一五頁。
（12）Jellinek, George, *Allgemeine Staatslehre*, 1900.
（13）Merriam, Charles E., *New Aspects of Politics. op. cit.*, p. 49.
（14）このようなアメリカにおける社会学と政治学の相互の影響については、中村菊男「政治心理学」（改訂版、有信堂、昭和三二年）第二章。

（15）Somit, Albert and Tanenhaus, Joseph, *op. cit.*, p. 49.

（16）Truman, David B., *The Governmental Process*, 1951.

（17）米山桂三「政治組織の心理学的再検討——グラハム・ウォラスに拠る一考察」（『法学研究』第二二巻、第一号）なお、ベントレーとウォラスの位置づけについては、拙稿「政治の社会学」（米山桂三編『現代社会の社会学』世界書院、昭和四一年）二一七頁。

（18）Crick, Bernard, *The Science and Method of Politics*, 1959. pp. 109-111.

（19）いわゆる政治概念論争は、かかる基礎づけをめぐって生じた論争であった。拙稿「潮田政治学における政治概念論争の意味——新カント派科学方法論の演じた役割」（『法学研究』第四三巻、第一〇号）

（20）Carlin, G. E. G., *The Science and Methods of Politics*, 1927. p. 177.

（21）Munro, William Benett, *Invisible Government*, 1927.

（22）Catlin, G. E. G., *The Science and Method of Politics. op. cit.*, p. 131. pp. 215-216.

（23）Merriam, Charles E., *New Aspects of Politics, op. cit.*, chapt. III and IV.

（24）Odum, H. W., *American Sociology*, 1951.

（25）MacIver, R, M, *Society*, 1930. p. 530.

（26）Somit, Albert and Tanenhaus, Joseph, *the Development of American Political Science, op. cit.*, pp. 119-122.

（27）Eulau, Heintz. "Political Science" *op. cit.*, p. 131.

（28）*Ibid.*, p. 149.

（29）同書は久保田きぬ子氏によって翻訳されている。「政治——動態分析」（岩波現代叢書、昭和三四年）

（30）ラスウェルの権力論およびその発展としてのダール（Robert Dahl）の権力論の位置づけ、パーソンズによるその新しい展開についての概観は拙稿、上掲、「政治の社会学」二二三一〜二三四頁。またパーソンズの権力論については、霜野寿亮「権力概念の検討——タルコット・パーソンズの場合」『法学研究』第四三巻第六号。

（31）Simon, Herbert A., *Administrative Behavior: A Study of Decision-Making Process in Administrative Organization*, 1957. Second Edition. p. ix. 松田武彦・高柳暁・二村敏子訳「経営行動」（ダイヤモンド社、昭和

四〇年）三頁。

(32) *Ibid.*, chapt.

(33) Simon, Herbert A., *Model of Man*. 1957. 宮沢光一監訳『人間行動のモデル』（同文舘，昭和四五年）。

(34) Wright, Quincy, *The Cause of War and the Conditions of Peace*. 1935, *A study of War*, 1942, Schuman, Frederick L., *International Politics*, 1933.

(35) Leiserson, Avery, *Administrative Regulation*. 1942. *Parties and Politics*, 1958. "Problem of Methodology in Political Research." *Political Science Quarterly*. vol. 68, 1953.

(36) Pool, Ithiel de Sola, Aberlson, Robert A. and Popkin, Samuel L., *Candidates, Issues, and Strategies: A Computer Simulation of the Presidential Election*, 1964.

(37) Almond Gabriel A. and Coleman, James S. eds. *The Politics of the Developing Areas*, 1959. Almond, Gabriel A. and Verba, Sidney, *The Civic Culture*, 1963. Almond, Gabriel A. and Powell, Jr., G. Bingham, *Comparative Politics*, 1966.

(38) Easton, David, *The Political System*, 1953. p. 203, quoted in Dahl, Robert A. "The Behavioral Approach in Political Science, Epitaph for a Monument to a Successful Protest." *the American Political Science Review*, Vol. 55.（December. 1961）p. 763.

(39) Merriam, Charles E., Progress in Political Research" *The American Political Science Review*, Vol. 20（February, 1926.）, p. 7, quoted in Dahl, Robert A. in *ibid.*, p. 763.

(40) Kent, Frank, *Political Behavior:* The *Heretofare Unwritten Laws, Customs,* and *Principles of Politics as Practised in the Unitede States*, 1928. quoted in Dahll, Robert A. *ibid.*, p. 763.

(41) Tingston, Herbert, *Political Behavior: Studies in Election Statistics*, 1937. quoted in Dahl, Robert A. *ibid.*, p. 763.

(42) Dahl, Robert A., *ibid.*, pp. 763-772. 拙稿『政治における行動論的アプローチ——反抗運動の勝利の記念碑銘』（『法学研究』第三五巻第六号）

（43）Crick, Bernard, *The American Science of Politics, its Origins and Conditions*, 1959., quoted in Dahl, Robert A. "The Behavioral Approach in Political Science." *ibid.*, p. 763.

（44）De Grazia, Alfred, *The Elements of Political Science*. 1952. また最近の政治学のテキストブック Wasby, Stephan L., *Political Science : The Discipline and its Dimensions*, 1970. も the fields of political science として、political theory, political parties and interest groups, the legislative process, public administration, public law, comparative government and politics, international relations と並んで political behavior and public opinion という章をもうけている。

（45）Eldersveld, Samuel J., Heard, Alexander, Huntington, Samuel P., Janowitz, Morris, Leiserson, Avery, Mckean, Dayton D. and Truman, David B., "Research in Political Behavior." *The American Political Science Review*, Vol. 46 （December, 1952）, p. 1004.

（46）武田良三『アメリカ社会学の過去と現在』（同氏編「今日の社会学」（有信堂、昭和三五年）二七二～二七三頁。

（47）筆者自身も訳者の一人であるジョン・ギリン編著、武田良三・米山桂三監訳「人間科学の展開――社会学・心理学・人類学の交流による」（早大出版、昭和三六年）。

（48）米山桂三「産業社会学序説」（慶應義塾大学法研叢書、昭和三五年）、十時厳周『社会諸科学の統合研究について』「法学研究」、第三〇巻第二号。

（49）Berelson, Bernard, "Behavioral Sciences." *International Encyclopedia of the Social Sciences*. ed. David L. Sills, Vol. 2, 1968. p. 42.

（50）Miller, James G., "Toward a General Theory for the Behavioral Sciences." *The State of the Social Sciences*. ed. Leonard D. White, pp. 29-65.

（51）Miller, James G., *ibid.*, pp. 29～30.

（52）バーナード・ベレルソン、佐々木徹郎訳『行動科学論』（「行動科学入門」誠信書房、昭和三七年）二～三頁。

（53）わが国における行動科学に関する研究書としては、田中靖政「行動科学」（筑摩書房、昭和四四年）、犬田充「行動科学入門」（昭和四三年、日本経営出版会、関寛治、犬田充、吉村融「行動科学入門」（講談社、昭和四五年）、花井等『現代政治学における行動論的アプローチ』（岡本幸治、小平修、須藤真志、花井等）「現代政治と人間」ミネルヴァ書房、昭和四六年）などがある。

（54）Berelson, Bernard, "Behavioral Sciences." *op cit.*, p. 44.

（55）Almond, Gabriel A., "Political Theory and Political Science" Ithiel de Sola Pool, ed., ***Contempory Political Science: Toward Empirical Theory.*** アーモンド、長田研一訳『政治理論と政治学』I」デ・ソラ・プール編、（内山秀夫、石川一雄、長田研一）訳「現代政治学の思想と方法」昭和四五年、勁草書房）。

（56）Berelson, Bernard, "Behavioral Sciences," op. cit., p. 44.

（57）ドイッチに代表される政治体系論のコミュニケーション・アプローチについては、鶴木真『政治学へのコミュニケーション・アプローチ――サイバネティックス・モデルの応用』（「法学研究」第四四巻第九号）。

（58）B・ベレルソン、G・A・スタイナー共著、南博・社会行動研究所訳「行動科学事典」（誠信書房、昭和四一年）一三頁。

（59）Dahl, Robert A. "The Behavioral Approach in Political Science," *op. cit.*, pp. 772.

（60）Easton David, "The New Revolution in Political Science" *The American Political Science Review*, Vol. LXIII. No. 4. Dec. 1969. このイーストン論文の位置づけについては、奈良和重『反行動主義者も否、非政治理論家も否』（「法学研究」第四三巻第一〇号）

（61）Deutsch, Karl W., "On Political Theory and Political Action" *The American Political Science Review*, Vol. LXV. No. 1. 1971.

（62）Brecht, Arnold. *Political Theory: The Foundations of Twentieth-century Political Thought*, 1959.

（63）Meehan, Eugene J., *The Theory and Method of Political Analysis*, 1950, *Contemporary Political Thought: A Critical Study*, 1967. *Explanation in Social Science: A System Paradigm*, 1968. *Value Judgment and Social Science*, 1969.

（64）Dahl, Robert A., *A Preface to Democratic Theory*, 1956. 内山秀夫訳「民主主義理論の基礎」（未来社、昭和

四五年）Eulau, Heinz, *The Behavioral Persuation in Politics*, 1963. *Micro-Macro Political Analysis: Accents of Inquiry*, 1969.

(65) Lane, Robert E., *Political Life: Why People Get Involved in Politics*, 1959. *Political Ideology: Why the American Common Man Believes What he Does*, 1962. *Political Thinking and Consciousness*, 1969.

(66) Greenstein, Fred. I., *Children* and *Politics*, 1965.

(67) Campbell, Augus, Gurin, Gerald & Miller. Warren, E., *The Voter Decides*, 1954. Campbell, Augus, Converse, Philip E., Miller, Warren E. & Stokes, Donald E., *The American Voter*, 1960. *Elections and the Political Order*, 1966.

(68) Dahl, Robert A., *Who Governs?* 1962. Janowitz, Morris, ed. *Community Political System*, 1961. Polsby, Nelxon W., *Community Power* and *Political Theory*, 1963.

(69) Wahlke, John C. & Eulau, Heinz, *Legislative Behavior. A Reader in Theory and Research*. Wahlke, John C., Eulau, Heinz, Buchanan, William, & Ferguson, Leroy C., *The Legislative System: Explorations in Legislative Behavior*, 1962.

(70) Macridis, Roy C., *The Study of Comparative Government*, 1955. Almond, Gabriel A. and Coleman James S. (ed.) *The Politics of the Developing Areas*, 1960. Almond and G. Bingham Powell, Jr., *Comparative Politics: A Developmental Approach*, 1966. ——and Sidney Verba, *The Civic Culture: Political Attitudes and Democracy in Fine Nations*, 1963. Organski, A. F. K., *The Stages of Political Development*, 1965. Apter, David E., *The Politics of Modernization*, 1965. 内山秀夫訳「近代化の政治学」上、下（勁草書房、昭和四三年）Pye, Lucian, *Politics, Personality and Nation-Building: Burma's Search for Identity*, 1962. ——and Sidney Verba, *Political Culture and Political Development*, 1965. La Palombara, Joseph and Weinr, Myron, eds. *Political Parties and Political Development*, 1966. La Palombara, Joseph, ed. *Bureaucracy and Political Development*, 1963.

(71) ベレルソン、佐々木徹郎訳、前掲「行動科学入門」一〇頁。

第二部
投票行動の分析

第三章

現代日本の投票行動と政治意識

――自民党への「積極的支持層」と「消極的支持層」

昭和三八年、当時自民党代議士であった石田博英は「中央公論」誌上に論文を発表し、五年後の保革逆転を予想した。その中で石田は自民党政権下で進行する高度経済成長が第一次産業従事者の減少と産業労働者の増加をもたらし、これが前者に基盤をもつ自民党得票数と後者に基盤をもつ社会党得票数の逆転現象を導くものとしたのである。もちろん石田はこうした予測を運命論としてもち出したのではなく、自民党政権を維持するためには社会構造の変化に対応する新しい戦略をとる必要があることを根拠づけるために、こうした議論を行ったのであった。

石田の予測ほど急激にではなかったが、その後も総選挙における自民党得票率は低下をつづけた。保守合同後はじめての総選挙であった昭和三三年の第二八回総選挙で自民党は五七・八〇％の得票率をあげたが、「ロッキード選挙」といわれた昭和五一年の第三四回総選挙ではこの数字は四一・七八％にまで低下した。この間自民党得票率は一度も上昇することなく、ゆるやかに下降しつづけたことは注目されてよい。

議席数でみると得票率のような直線的な低落傾向はみられない。それでも昭和五一年選挙においては公認候補当選者数において五一一議席中二五四議席という過半数割れの事態を引き起こすに至り、次の昭和五四年に行われた第三五回総選挙ではさらに一議席を減少させている。参院における与野党伯仲状況と相まって、昭和五五年六月に予定されていた参院選において本格的な与野党逆転は必至との空気が強く、野党各党は来たるべき連合政権のあり方を模索することに余念がなかった。

しかし大平内閣不信任案が自民党内部の造反によって可決されたことから、事態は衆参同時選挙へと急転した。選挙期間中の大平首相の死というハプニングも重なり、フタを開けてみれば自民党は二八四議席を獲得して大勝した。参院でも自民党は過半数を一〇議席上回る一三六議席を占め、保革伯仲は一転して自民党絶対多数状況へと変化したのである。新聞の議席予測は各紙とも保革伯仲あるいは逆転状況の到来を主張して、大幅に外れた。マス・メディアもこの事態に大きな衝撃を受け「保守回帰」が一九八〇年代政治を象徴する言葉として定着するまでに至ったのである。時系列的にみると得票率、議席数ともにほぼ昭和四〇年代前半の状態にまで回復した。まさに保守「回帰」というにふさわしい状況であった。

しかし単に一回の総選挙の結果をもって、政治状況全体が回帰したと論ずることの不適切さは明らかである。問題はこうした選挙の結果が政治状況の大きな潮流の反映だという点にある。現に昭和五八年の第三七回総選挙で自民党は得票率、議席数ともに前回より大きく後退させ、新自由クラブとの連立を余儀なくされたが、そこではかつてのような連合時代の到来といった言葉は、もう聞かれることはなかった。その上、昭和六一年の衆参同時選挙では三〇〇議席という結党以来最高の空前の議席を獲得した。得票率も四九・四%と昭和三〇年代末の状況に回復した。保守回帰は、一回限りの選挙結果を超えた政治的、社会的トレンドを指すキーワードとして大きな意味をもっているのである。

昭和五八年選挙の結果をこのように眺めてみると、それ以前の政治状況、選挙結果を分析することが保守回帰現象の理解に不可欠な重要性をもっていることがわかる。蜷川虎三京都府知事をはじめとする国政レベルにおける野党勢力に支えられた「革新首長」の数は、昭和四〇年代前半から昭和四〇年代後半にかけて急激に増加する。その最盛期である昭和四〇年代末においては太平洋ベルト地帯の主要な知事、市長のほとんどが革新首長となっていた。しかし昭和五〇年代初頭から後半にかけて、彼らは保守・中道連合の推す「官僚」首長に次々ととってかわられていった。「革新首長」が推進する高福祉、住民利益の尊重といった政策そのものが批判されたのではない。むしろ有権者はそうした政策の成果を守りぬくことを実務家としての「官僚知事」に期待したのであった。地方政治レベルにおいては既得権の確保という意味での保守回帰現象がすでにはじまっていたのである。

全国レベルにおける政党支持率をみても、こうした傾向は明らかである。時事通信社の政党支持に関する世論調査データを見ても保守政党の支持率低下は昭和五〇年代末で底を打ち、以後ゆるやかに上昇傾向をたどっている。

社会意識の次元においても、かかる流れが現われている。文部省統計数理研究所の実施している国民性調査によれば日本人全体の意識は昭和五〇年代以降明らかに転換しつつある。とくにこれまでに見られない傾向として二〇歳代の若年層が、改革的な方向づけを失って現状維持を志向するようになったことがあげられている。

これら保守回帰現象は、単純な伝統回帰とか高度成長の再志向といった観点から捉えることはできない。政党支持ひとつとってみても増勢に転じた自民党支持層の構造は高度成長期とは異なったものとなっている。朝日新聞社の世論調査データを見ると、昭和三〇年以来、自民党支持率はかなり狭い範囲を上下しており、時事通信社の調査データほどにははっきりしたトレンドの変化を示していない。このデータの相違の原因は、両社の質問紙の違いに求められる。すなわち時事の質問紙では一回きり支持政党を尋ねるのに対し、朝日のそれでは最初の支持政党についての問いに政党名をあげなかった者に対し、重ねて「それでも選ぶとすれば」という形で再度質問し、二回の質問の合計を政党支持率としている。

私はかって政党支持の構造に関して、以下のような仮説をたてた。各政党の支持層内部には「積極支持層」と「消極支持層」が重層的に存在する。積極支持層とは支持政党をたずねられてその政党名を直ちに答える者であり、消極支持層とは支持政党をたずねられても最初は支持政党なしと答え、再度「それでも選ぶとすれば」と尋ねられて初めてその政党名をあげる者のことである。実際の選挙に際しては、積極支持層は比較的高い頻度で投票所におもむき、支持政党に投票するであろう。しかし消極支持層が投票所におもむくかどうかは、その時々の政治的社会的情勢や果てはその日の天気といったことにまで大きく左右されると思われる。政党支持率は大きくても選挙においてはこうした消極支持層が投票に出動するかどうかが勝敗を左右する。

この仮説に基づいて時事、朝日両社のデータの相違を矛盾なく解釈するとするならば、自民党支持率の上昇のうちかなり大きな部分が消極支持層によって占められていると考えられる。近年政党支持なし層の増加が頭打ちとなり、むしろ減少する傾向さえ示している事実もこれで説明がつく。「自民党支持率の増大＝自民党消極支持層の増大」は、政党支持なし層の減少によってもたらされたものと解釈できるからである。

また保守回帰現象が、政党支持以外のさまざまな側面から実証されているにも拘らず、それが必ずしも自民党の選挙における勝利をもたらすわけではないという矛盾も、これで解決される。全体として自民党支持率が上昇していることは、社会の保守化現象の現われであり、個々の選挙結果に関係なく、政治をとりまく社会状況は保守化の方向で安定しつつある。従って自民党が一回選挙に敗北したからといって、直ちに体制の変革とか自民党の野党化といったことが騒がれる事態にはならない。にもかかわらず、そうした新しく保守化された層は自民党に強い一体感や忠誠心をもつわけではなく、彼らが選挙に際して常に投票所に出かける保証は少ない。従って社会の保守化状況においても、自民党はおうおうにして選挙で敗北することが起こりうるのである。

こうした政治構造の変動を理解するためには、それが最も明白な形をとって現われる選挙の分析が不可欠である。われわれは、昭和五一年以降衆議院、参議院の国政レベルの選挙、および東京都議会議員選挙において東京都を調査対象として、一貫して世論調査を実施している。これから得られたデータのうち、本書においては昭和五四年一〇月の総選挙、昭和五五年六月の衆参同時選挙、昭和五六年七月の東京都議会議員選挙の、三つの選挙における調査データの分析を行う。それは保守回帰といわれる政治変動の分析に、この三つの選挙が決定的に重要だと考えるからである。

保守回帰現象が声高に叫ばれたのは、確かに昭和五五年の同時選挙の後であった。しかし選挙結果を深く検討すると、前年の第三五回総選挙はかなり明白に保守回帰現象の訪れを示していることがわかる。実は議席数を見れば敗北ともとれる昭和五四年総選挙において自民党ははじめて結党以来続いてきた得票率の長期低落傾向に歯止めをかけることができたのである。その前のロッキード選挙すなわち第三四回総選挙においては自民党の得票率は四一・七八%であり、これは結党以来最低である。しかし、昭和五四年総選挙においては自民党は四四・五九%の得票を獲得し、はじめて得票率を増大させることができた。次の同時選挙すなわち第三六回総選挙では得票率は四七・八八%にまで上昇している。その次の昭和五八年総選挙すなわち第三七回総選挙では、自民党は公認候補で過半数割れの大敗だったにもかかわらず、得票率としては四五・七六%を獲得している。この値は、ロッキード選挙はもちろん、前々回の昭和五四年総選挙よりも高い。さらに六一年の同時選挙、第三八回総選挙では四九・四%を獲得している。従って五四年、五五年、五六年のあたりで選挙における保守回帰の傾向は定着した、といってよいだろう。

自民党得票率に同じ保守政党である新自由クラブの得票率を加え、保守勢力の得票率として考えると、結果はより明瞭である。ロッキード選挙で四五・九六%に低下した保守陣営の得票率は昭和五四年に四七・六二％に回復し、ロッキード選挙前の昭和四七年総選挙における自民党得票率（当時新自由クラブは未結成）を抜いた。以下この数字は昭和五五年で五〇・八七％、五八年で四八・一二％、六一年で五一・二％といずれもほぼ昭和三〇年代末から四〇年代初めの自民党得票率を回復している。

昭和五四年以降見落とせないのが昭和五六年の都議選である。この選挙で自民党は前年の同時選挙大勝の波に乗って、国政選挙なみのエネルギーを投入し議席増大をめざしたにも拘らず、現有議席すら守りきれなかった。その後の昭和五八年選挙の結果を考えるとき、この事実は極めて示唆するところが大きいように思われる。

以上のように昭和五四年、五五年、五六年に行われた三回の選挙は保守回帰という政治変動を分析する鍵となるものである。こうした問題関心に基づき、本書〔『投票行動と政治意識』〕はこれら三選挙を世論調査あるいはマス・メディア報道の内容分析といった経験的データを中心に様々な角度から実証的に研究しようとしたものである。〔以下は共同研究の分析の位置付けにつき省略した〕

第四章

自・社支持率の長期低落と政党支持離れの進行

――政党支持の構造変動

一　問題の提起

しばしば指摘されるところでは、わが国における政党支持の構造は、昭和四〇年以降の一貫した自民党と社会党の支持率の長期低落現象と政党支持なし層の増大、大都市における多党化現象によって特色づけられる、とされている。このような政党支持を長期にわたり時系列において比較できる全国的調査データは二つある。ひとつは時事通信社の調査であり[1]、ひとつは朝日新聞社の調査である[2]。時事通信社の行った最初の政党支持率の調査は昭和二一年一〇月のことであるが、はじめのうち二〇年代から三〇年代半ばまでは不定期で年数回ずつ行われてきた。しかし昭和三五年以降は全く同じ質問で、集計結果も同じ項目に分類されて、毎月行われるようになり今日に至っている（ただし、集計項目で職業分類のみ、昭和四九年一月以降「その他・無職」から「無職の主婦」が分離集計されるようになった）。朝日新聞社の調査は昭和二一年七月に始まる。現在の調査方法が確定したのは昭和三五年八月の事であるが、三八年六月に現在の職業分類に改められ、地域別分類も加えられ今日に至っている（ただし、地域別分類が完全に確定したのは四〇年八月以降のことであり、四五年六月から年齢の分類で二〇代が前半と後半とに分けられた）。朝日の調査は不定期であるが、少なくとも年一回以上数回行われている。両社の調査以外にも各新聞社や放送局、通信社等の手によって継続的な政党支持率の調査が行われてきたが、いずれも何度か調査方法や質問項目の改善、手直しが行われていて、長期の比較分析には必ずしも適当とはいえない。

時事通信社の調査によると（図1）、自民党の支持率は昭和三五年六月以降四一年までわずかに逓増し、四一年四月の四四%をピークとして以後急速に低下の一途をたどり、昭和四九年二月の二一%で底を打つ。以後再び上向きに転じて今日に至っている。この間の支持率の推移を図上にプロットすると見事な三次曲線を描いている。社会党の支持率は三五年六月からしばらくは心もち逓増するが三七年八月の二六%を境に減少に転じ（四〇年七月に瞬間風速的に二八%の支持率を獲得する）、以後一貫して直線的に支持率の低落を続け、昭和五四年五月の七%で底をうち、以後横ばいを続けている。支持率を図上にプロットするときれいな逆J字型のカーブを描いている。また政党支持なし層は昭和三五年六月には八%であったが、以後直線的に増大し続け、五三年九月には三六%に達し、以後横ばいで今日に至っている。六〇年一二月の調査では三三%である。昭和四四年二月には二〇%となって社会党の支持率を抜き、四八年六月には二四%をマークしてはじめて自民党の支持率を超え、以後ほぼ同率で今日まで時に応じて相互に上下しあっている。確かに時事通信社の調査にみる限り、自民、社会両党の支持率の長期低落現象と政党支持なし層の増大は間違いないように思われる。昭和三六年六月に自民党の支持率は三二%、社会党は二一%、民社党は五%であった。当時の時事通信社の調査では共産党の支持率は調査されておらず、公明、新自由クラブの両党は存在しなかった。しかし昭和三九年一一月、公明党が結成され、四〇年代に入ると共産党の支持率もふえ、昭和五一年六月には新自由クラブも誕

図１　自民・社会両党支持率と政党支持なし層比率の回帰曲線(3)

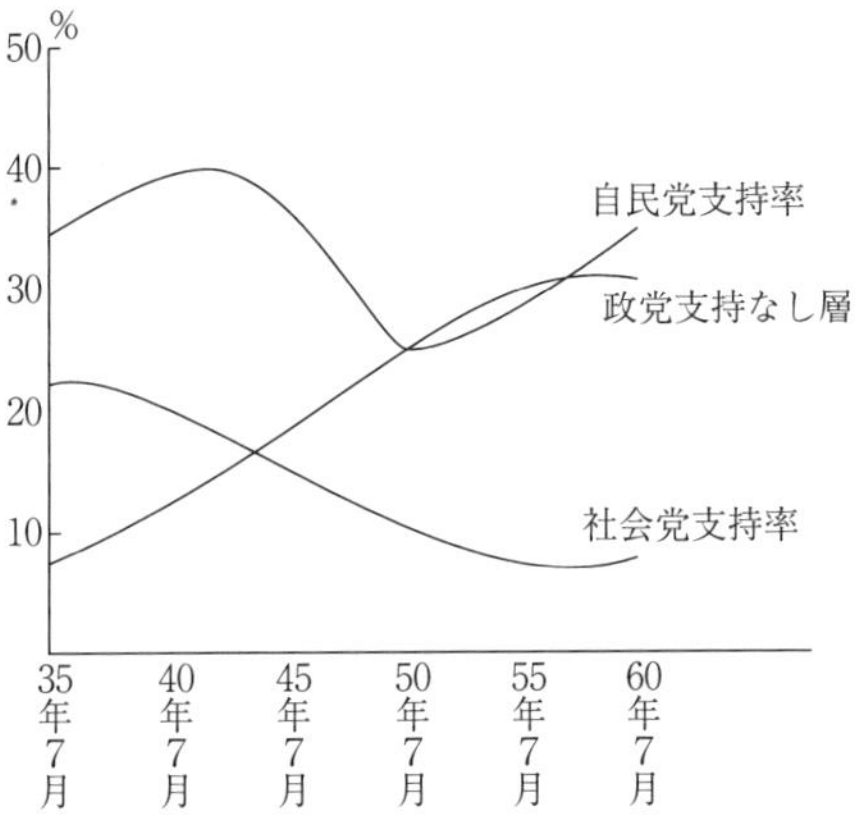

生した。この結果、昭和五一年一二月新自由クラブブームを惹き起こした三木内閣の手による任期満了総選挙の月の調査によると、自民党の支持率二六%、社会党一三%に対し、民社党三%、公明党五%、共産党三%、新自由クラブ二%の支持率をえ、昭和六〇年一二月現在でも自民党三三%、社会党八%に対し、民社党二%、公明党五%、共産党二%、新自由クラブ一%の支持率をえている。確かに自民党の支持率は抜きんでて高く、社会党の支持率もこれについで高いが、その他の各党も数%とはいえ、一貫して安定的支持をえている。その意味で、総選挙の結果にみられる各党の得票率ほど明確ではないが、いわゆる多党化現象も明らかに進んでいるのである。このような傾向は都市、事務職・労働職など都市的職業の従事者、三〇代・四〇代の働き盛りの壮年において特に著しい。ところで朝日新聞社の調査データによると昭和三五年八月の自民党の支持率は四九%で、六〇年六月の支持率は五八%、この間多少の上下はあるが支持率はほぼ一定である。一方、社会党の支持率は三五年八月の二五%でスタートし、六〇年六月には一四%に減少する。昭和三〇年代末から四〇年代はじめにかけては、三〇%前後の場合が多いが、その後直線的にわずかに逓減して最近は二五%前後のことが多い。さらに政党支持なし層は昭和三五年八月以来一貫して極めて少なく、八%から五%のあたりを上下している。朝日新聞社の調査では政党支持離れが生じているとはいい難い。いずれも信頼できる社会調査の技法を用い、十分なサンプル数をとって行われた全国調査の結果であるにもかかわらず、なぜこのような相違が生じたのであろうか。その秘密は、質問紙の質問項目の相違に求められる。

時事通信社の調査においては、被調査者は「あなたはどの政党を支持しますか」と質問され、その答えによってそれぞれの政党と「保守か革新かといえば保守党」「保守か革新かといえば革新党」「支持政党なし」「わからない」に分類される。つまり時事通信社における政党支持なし層とは調査員に支持政党を問われて「支持政党なし」と答えた者のことである。昭和四〇年代以降このような政党支持なし層が一貫して増加してきたわけである。一方、朝日新聞社の質問ではまず「どの政党が一番好きか」と尋ね、「好きな政党なし」と答えた、あるいは「答えない」被調査者に、重ねて「好き、きらいは別として、自民、社会、共産、公明、民社党のうち、どれかひとつ選ぶとすればどれにするか」と尋ねて、強いてあげればどの政党を支持するかを答えさせている。朝日新聞社では最初に支持政党名をあげた者をその政党の積極支持、二度目の質問ではじめてその政党名をあげた者をその政党の消極支持と呼び、両者を加えた者をその政党の支持率としている。朝日新聞社の場合、政党支持なし層とは二度の質問に対していずれも支持政党をあげなかった者をさしている。残念ながら、朝日新聞社はこの政党支持率における積極支持と消極支持の内訳をいつも紙面に公表しているわけではない。しかし積極支持と消極支持を加えるならば、昭和三〇年代半ば以降今日に至るまで自民党の支持率には変化がなく、社会党の支持率はわずかに逓減《ていげん》した。また政党支持なし層も、昭和三〇年代半ば以降一定となっている。時事通信社と朝日新聞社の調査結果を矛盾なく合理的に解釈するならば、昭和三〇年代半ば以降今日まで、自民党と社会党の支持層のなかに大量の積極支持から消極支持への移行が生じ、この消極支持層の増加がこの間における政党支持なし層の増大、あるいは政党支持離れの進行をもたらしたということがいえる。

二　政党支持構造の仮説

かつて私は東京都における一連の政治意識の社会調査のデータにもとづいて、政党支持の構造について次のような仮説をたてた。(4) それぞれの政党には、いずれもその中核に支持強度の濃淡はあるが、調査で支持政党を尋ねられればその政党名をあげ、選挙に際しても高い確率で投票に赴《おもむ》く積極支持層が存在し、その周辺を、ただ支持政党を尋ねられれば「支持政党なし」と答えるものの、重ねて「強いてあげればどの政党を支持するか」と尋ねられればその政党名をあげるような消極支持層がとりまいている。消極支持層にも支持強度の濃淡はあるが、選挙に際し投票に出掛ける確率は積極支持層に較べれば相対的に低く、その選挙をとりまく政治的社会的条件によって投票率はかなり大きく左右される。選挙における全体の投票率を押し上げたり、引き下げたりするのはこの層の動向によるところが大きい。各政党の消極支持層のさらに外側に、調査で二回目の質問に対しても政党名をあげない完全支持なし層が存在している。完全支持なし層の投票率は低く、選挙に際してその多くは棄権にまわる。それぞれの政党の性格によって支持層に占める積極支持層と消極支持層の比率は異なる。組織のルーズな大衆政党ほど相対的に積極支持層に対する消極支持層の比率は大きい。一方、組織政党においては相対的に積極支持層の比率が高く、消極支持層の比率は低い。概していえば自民、社会、民社、新自由クラブは相対的に消極支持層を多く抱え、公明、共産の両党の場合、相対的に消極支持層の割合は少ない。選挙状況がその政党に有利に働き、また選挙キャンペーンが効果をあげ、さらには党勢が上向きの場合には、その政党の支持層の中では消極支持層から積極支持層への移行が生じ、完全支持なし層や比較的政治的距離の近い他の政党の消極支持層からその政党の消極支持層への取り込みがすすむ。一方選挙状況が不利に働き、あるいは選挙キャンペーンに失敗し、党勢が退潮している場合には、その政党の支持層の内部では積極支持層から消極支持層への移行が生じ、消極支持層から完全支持なし層や、政治的距離の比較的近い他党への流出がすすんでいく。

各政党の消極支持層がいずれも大量に出動すれば、その選挙の投票率は高くなり、大量に棄権すれば

表1　各政党支持率および政党支持なし層の比率相互の相関

（カッコ内の数字はケース数）

	自民党	社会党	民社党	公明党	共産党	新自由クラブ	その他	支持なし	わからない
自民党									
社会党	0.5732 (301)								
民社党	0.1945 (301)	-0.0442 (301)							
公明党	-0.2819 (248)	-0.0269 (248)	-0.0747 (248)						
共産党	-0.5194 (244)	-0.2840 (244)	-0.2136 (244)	-0.2720 (243)					
新自由クラブ	-0.4374 (106)	0.3652 (106)	-0.3610 (106)	0.2062 (106)	0.1764 (106)				
その他	0.2628 (228)	0.2672 (228)	-0.0190 (228)	-0.1166 (176)	-0.0285 (172)	0.0477 (82)			
支持なし	-0.6870 (300)	-0.9110 (300)	-0.0099 (300)	-0.0042 (247)	0.3575 (243)	-0.1525 (106)	-0.5337 (227)		
わからない	0.4522 (299)	0.8057 (299)	-0.1386 (299)	-0.0821 (246)	-0.3098 (242)	0.4797 (105)	0.5265 (226)	0.8593 (299)	

表2　政党支持なし層と各政党支持率との重相関

（全般）

	重相関係数	決定係数	標準化偏回帰係数
社会党	0.91095	0.82984	-0.76530
その他	0.95947	0.92059	-0.18552
新自由クラブ	0.97568	0.95196	0.44182
わからない	0.98701	0.97420	-0.42582
公明党	0.99602	0.99206	-0.13770
自民党	0.99729	0.99459	0.17273
共産党	0.99816	0.99632	0.05674
民社党	0.99835	0.99670	0.02142

にするに過ぎない。したがってこの結果だけから、ただちに二つの変量間の因果関係を推測することは危険である。そこで、ひとつの変量の変化をこれと関係をもっと予想される複数の変量のうち、いずれがもっとも説明力が高いかを明らかにする重回帰分析を行うことによって因果関係の推定をより確実にすることが必要である。重回帰分析の結果によると（表2）、政党支持なし層の増加を最もよく説明するのは社会党の支持率の減少であって、自民党の支持率の減少はほとんどない。決定係数、すなわちその寄与率のしめす説明力は八三％におよんでいる。わが国全体としてみる限り、政党支持なし層の増大は社会党の支持率の減少にもとづくものといわなければならない。

もっとも政党支持率や政党支持なし層の比率は地域（表3）、職業（表4）、世代（表5）といった諸特性によって異なってくる。そこでこれら諸要因との関係をみてみると、郡部と四〇代以上の高齢者ではむしろ自民党の寄与率の方が社会党よりも高く、十大都市、商工・サービス業などでは社会党についで高い寄与率をしめしている。一方観点をかえて自民党の支持率の増減を説明する要因についてみてみると（表6、表7）、農林・水産業、労務職、管理職、主婦、無職、六〇代を除いては、何れも政党支持なし層の寄与率が一番高い。つまり政党支持なし層の増大を説明する要因としては社会党支持率の減少が圧倒的に強い影響力をもっているが、自民党支持率の増減に対しては政党支持なし層の影響が強いわけである。言い換えれば社会党の支持率の減少が自民党に較べて極めて大きいため、政党支持なし層の増大の説明要因としては自民党の影響力は小さいが、しかし、自民党の逓減を説明する要因としては政党支持なし層が大きな影響力をもち、自民党がこれに食われていることをしめしている。

自民党の支持率はまた、共産党および新自由クラブの支持率とも逆相関の関係にある（表1）。しかし、自民党と共産党のあいだにみられる逆相関は、どちらかといえば自民党の一貫した長期低落現象と四〇年以降の共産党の支持率の増大がそれぞれ独立に生じた結果算出された見掛け上のものであって、両者のあいだには必ずしも因果関係があるわけではない。それは自民党支持率についての重回帰分析の結果からも明らかである（表6、表7）。しかし新自由クラブとのあいだにみられる逆相関が相互の食い合いによって生じたものであることは、重回帰分析の結果からも過去にわれわれの行った社会調査の結果からも明らかである。

表3　政党支持なし層と各政党支持率との重相関（地域）

		重相関係数	決定係数	標準化偏相関係数
十大都市	わからない	0.87630	0.76790	−0.51530
	自民党	0.90687	0.82242	−0.33871
	社会党	0.92037	0.84708	−0.17703
その他の市部	社会党	0.87193	0.76026	−0.46777
	その他	0.94442	0.89192	−0.29464
	自民党	0.96927	0.93949	−0.35706
郡部	社会党	0.76772	0.58939	−0.47100
	自民党	0.86338	0.74543	−0.34087
	公明党	0.92406	0.85389	−0.45733

表4　政党支持なし層と各政党支持率との重相関（職業）

		重相関係数	決定係数	標準化偏相関係数
農林・水産業	わからない	0.61440	0.37748	−0.61440
商工・サービス業	社会党	0.72820	0.53028	−0.12247
	自民党	0.84835	0.71969	−0.79511
	わからない	0.89813	0.80663	−0.33613
労務職	社会党	0.89217	0.79596	−0.69374
	その他	0.91406	0.83550	−0.21158
	わからない	0.92473	0.85513	−0.23588

表5　政党支持なし層と各政党支持率との重相関（年齢）

		重相関係数	決定係数	標準化偏相関係数
20代	社会党	0.90053	0.81096	−0.51483
	その他	0.96127	0.92404	−0.49090
30代	社会党	0.89219	0.79601	−0.10374
	その他	0.94887	0.90036	−0.35586
	自民党	0.96751	0.93608	−0.76901
40代	自民党	0.76437	0.58427	−1.05143
50代	わからない	0.63779	0.40677	−0.36959
	自民党	0.77816	0.60553	−0.42704
	社会党	0.82532	0.68116	−0.34042
60才以上	わからない	0.80872	0.65404	−1.15974
	自民党	0.91532	0.83781	−0.45544
	社会党	0.93895	0.88163	−0.21181

重回帰分析の結果によると、地域で郡部、職業で農林・水産業、管理職、事務職（表6）、年齢で五〇代（表7）などを除いて、大体自民党支持率の増減を説明する要因として新自由クラブは政党支持なし層についで大きな役割を果している。労務職や六〇代以上の高齢者の場合、新自由クラブの寄与率がもっとも大きい。新自由クラブの支持層は自民党支持層から分離独立したもので、新自由クラブの支持率の減少につれて、また自民党の支持層に復帰していることが推測される。

昭和五一年暮、三木内閣の手によって行われた任期満了選挙の際、いわゆる新自由クラブブームがおこった。これを受けて翌五二年夏に行われた参議院選挙の際、われわれの研究室が東京都で行った意識調査の結果によると、[7]新自由クラブの支持者は政策に対する態度では自民党の支持者と同様に保守的であるのに、政治不信を測るアノミー尺度の得点は特に高いことが見出された。自民党の田中金脈問題と三木おろしをめぐる派閥抗争に強い政治的不信感をおぼえた自民党の消極支持層が、新自由クラブの支持層に転化したわけである。昭和五〇年代に入って自民党の支持率は漸増しているのに、新自由クラブの支持率は以後急速に低下していく。われわれの研究室が昭和五五年のダブル選挙に際して東京都で行った意識調査では、[8]新自由クラブの支持率が低下したばかりか同党の支持層のアノミー尺度の得点は自民党支持者とかわりなくなっていた。新自由クラブの支持層の少なからざる部分が自民党支持に復帰したことをしめすものである

全国的にみられる社会党および自民党の政党支持率の減少と、これを食って伸びた政党支持なし層の増大という図式は、個々の地域、職業、世代のすべてにあてはまるわけではない。例えば郡部をとってみると、なるほど郡部においても社会党の支持率は減少し、政党支持なし層の比率は増大している。しかし、十大都市や市部に較べればその増加率、減少率は少ない。自民党の支持率も昭和三五年以降の毎

月の支持率を図上にプロットして回帰直線を引いてみると確かに角度はマイナスになり減少していることがわかるが、視覚上はほとんど一定にみえる。そこで重回帰分析の結果に照らしてみると（表3）、政党支持なし層の増加を説明するのに最も寄与率の高いのは「わからない」と答えたＤＫグループの減少で寄与率五九％、これに次ぐのが自民党の減少で寄与率一六％、社会党の減少は三位で寄与率は一一％である。従って郡部においては、政党支持なし層は主として完全支持なし層であるＤＫグループ、一部

表6　自民党支持率と各政党支持率との重相関（職業）

		重相関係数	決定係数	標準化偏相関係数
農林水産業	わからない	0.47392	0.23418	−0.48392
商工・サービス	政党支持なし	0.60865	0.37046	−1.16540
	新自由クラブ	0.79273	0.62843	−0.55332
	わからない	0.85704	0.73452	−0.40047
事務職	政党支持なし	0.53464	0.28584	−2.10541
	わからない	0.57190	0.32707	−0.44726
	その他	0.61683	0.38048	−0.77022
労務職	新自由クラブ	0.33884	0.11482	−0.09763
	政党支持なし	0.45968	0.21130	−1.29766
	公明党	0.54512	0.29715	−0.45213

表7　自民党支持率と各政党支持率との重相関（年齢）

		重相関係数	決定係数	標準化偏相関係数
20代	政党支持なし	0.74257	0.55141	−1.49789
	共産党	0.83123	0.69095	−0.30130
	新自由クラブ	0.85843	0.73690	−0.69990
30代	政党支持なし	0.74149	0.54981	−4.53788
	新自由クラブ	0.96399	0.92927	−1.33882
40代	政党支持なし	0.76437	0.58427	−3.88759
50代	政党支持なし	0.63619	0.40473	−1.10250
	公明党	0.70011	0.49016	−0.36600
	社会党	0.72573	0.52669	−0.37313
60才以上	新自由クラブ	0.34314	0.11775	0.43632
	政党支持なし	0.39786	0.15829	−1.86832
	わからない	0.74754	0.55881	−2.21657

を郡部で支持率の高い自民党とこれに次ぐ社会党を食って増えていることがわかる。同じ政党支持なし層の増加といっても十大都市および市部と郡部ではまったく構造が異なるわけである。

職業で注意しなければならないのは農林・水産業と労務職、自由業、管理職、その他・無職である。農林・水産業とその他・無職についてみると、昭和三五年以降今日まで自民党の支持率は僅かではあるが上向いている。労務職は心持ち減少しているが、ほぼ一定である。この三つの職業の自民党支持率はきわめて安定し、いわゆる政党支持離れはおこっていないのである。社会党の支持率はすべての職業において減少している。しかし、その中で最も減少率の低いのは農林漁業である。一方、政党支持なし層の比率はすべての職業において増大している。しかしこの場合も農林漁業においてその増加率は最も少ない。重回帰分析の結果をみると（表3、表6）、自民党の場合も政党支持なし層の場合も重回帰係数を算出しえたのは「わからない」というグループだけでその寄与率はあまり高くない。両者とも強いていえば「わからない」というグループを食って、支持率、比率を伸ばしたということになる。政党支持離れの生じていない証拠といえよう。なお管理職においては政党支持なし層についても、自民党支持層や社会党支持層についてもいっさい重回帰係数の算出を行うことができない。これはケースの数は十分であるにもかかわらず、説明変数も被説明変数もバラつきが大きく、相互の間に何らの関係も見出すことができないためである。職業における第三のパターンを形成するといってよい。

世代についてみると、六〇代においては昭和三五年六月以降、自民党の支持率も社会党の支持率もほぼ一定である。政党支持なし層の増加もごく僅かである。六〇代でも政党支持離れはおこっていないのである。反面、二〇代、三〇代においては大規模な政党支持離れが生じている。政党支持なし層の増大について重回帰分析の結果をみると（表5）、二〇代、三〇代において社会党支持率の減少の効果がずば抜けて大きい。その寄与率は八一%と八〇%に達している。ところが四〇代になると自民党支持率の減少効果がこれにとってかわり、五〇代、六〇代になると「わからない」というグループになる。政党支持なし層は二〇代、三〇代においては主として社会党、四〇代においては自民党の支持層を食って増大し、五〇代、六〇代においては政党支持離れがおこっていないことになる。もっとも世代の場合も自民党支持層の側からみるならば、二〇代から四〇代まで政党支持なし層に大きく食われており、五〇代になってもその寄与率は減るもののやはり政党支持なし層に食われている。社会党支持層の場合も同様で、全世代を通じて政党支持なし層に食われており、特に二〇代と三〇代において著しい。政党支持なし層は自民党支持層と社会党支持層を食って増大しているわけだが、特に二〇代と三〇代では社会党、四〇代では自民党の支持層を食っていることになる。

四　結論

わが国においては、自民党は昭和三五年から四〇年代初頭までその支持率を僅かに漸増させ、以後オイルショックまで長期低落を続け、その後再び上向いて今日に至っている。また社会党は昭和三七年をピークに直線的に長期低落を続け、昭和五四年で底を打ち、その後横ばいを続けている。一方、政党支持なし層は昭和三五年以来直線的に増大しつづけ、昭和五九年夏をもってほぼ頭打ちとなり、今日まで横ばいを続けている。それでは自民、社会両党の支持率の長期低落現象と政党支持なし層の比率の一貫した増大はなぜ生じたのであろうか。われわれの仮説に従えば、政党支持なし層は完全支持なし層と各党の消極支持層から構成される。昭和三五年以降今日まで、完全支持なし層の比率はほぼ一定であるから、政党支持なし層の増大は各党の消極支持層、とくに自民党と社会党の消極支持層の増大を通じて生じたものと思われる。この間において、自民党と社会党の支持層の内部において支持強度の弛緩が生じ、大量の積極支持層から消極支持層への移行が生じたわけである。両党の支持率の低下は政党支持なし層の増大によるものであるが、支持率の低下は社会党の方が自民党よりも甚（はなはだ）しいため、政党支持なし層の増大に対する寄与率は社会党の方が圧倒的に高い。

しかし、このような政党支持離れはあらゆる地域、職業、年齢を通じて均等に生じているわけではない。例えば農林・水産業、無職、六〇代の自民党支持率は極めて安定している。したがってこれらカテゴリーに属する人びとの多い郡部においては、政党支持離れはほとんど生じていない。一方、政党支持離れは十大都市、それ以外の市部、商工・サービス業、事務職、二〇代、三〇代の若者においてもっとも著しく進んでいる。自民党と社会党の支持率の低下は、ひとつにはこれら各構成部分における積極支持層から消極支持層への移行と、ひとつには政党支持率の比較的安定した部分例えば農林漁業などのわが国全体における構成比の減少の結果生じたものと思われる。

[注]

（1）時事通信社の毎月の政党支持率の調査結果は「時事世論調査」に発表されている。なお昭和五六年六月までの分は『戦後日本の政党と内閣――時事世論調査による分析』（昭和五六年、時事通信社）に収録されている。

（2）朝日新聞社の政党支持率の調査結果はその都度朝日新聞紙面に発表されている。なお昭和五〇年六月までの分は『日本人の政治意識――朝日新聞世論調査の三〇年』（昭和五一年、朝日新聞社）に収録されている。

（3）自民、社会両党支持率および政党支持なし層の比率は月ごとにかなり上下する。この曲線は回帰線であるから、これら短期的変化のバラつきのほぼ中心的位置を結んで引かれている。したがって、この曲線は両党支持率および政党支持なし層の比率のピークよりやや下、ボトムよりやや上の点を通っている。

（4）堀江湛「同時選挙に見られた投票行動の変容――東京都第三区におけるパネルスタディー」（『石川忠雄教授還暦記念論文集現代中国と世界―その政治的展開』昭和五七年、慶應通信）堀江湛「日本の選挙制度と投票行動」（富田信男・堀江湛編『選挙とデモクラシー』昭和五七年、学陽書房）。

（5）**Fukashi Horiye, ?RlnterpreHng fhe Voice of the Echo, Volume XI" No, 2〉1984**）堀江湛「投票動向に見る〝民意〟」（『自由民主』昭和五九年二月号）。

（6）堀江湛「社会構造の変化と選挙の動態」（中村菊男編『日本の選挙構造』、昭和四三年、原書房）（『現代のエスプリ・選挙』昭和五〇年 至文堂に再録）。

（7）堀江湛・小林良彰「アノミーおよび賓概念による投票行動の計量分析――無党派層と若者の政治意識」（『法学研究』第五十一巻第五号）。

（8）小林良彰「アノミー・権威主義と政党支持――同時選挙における無党派層に関する計量分析―」（『法学研究』第五十五巻第十号）。

（※）本稿で用いたデータの統計処理は慶応義塾大学大学院生岩渕美克、同法学部学生稲葉弘樹の手になるものである。記して感謝の意を表したい。

第二部
選挙制度の分析と改革

第五章

選挙制度の検討

——選挙区制

一　選挙区制の問題点

一口に選挙といっても、どのような方法で、またいかなる有権者のグループを単位として行うかによって、その結果はかなり異なってくる。選挙区制が問題となる理由はここにある。たとえばある有権者のグループから三人の代表を選ぶ場合、投票用紙に支持する候補者を三名連記して投票し、単純多数で得票の多い順に三名を当選とするというやり方と、支持候補者を一名だけ記載して投票し、単純多数で得票の多い順に三名を当選とするというやり方では結果は全く異なってくる。

三名連記の場合、有権者の中の最大多数派があらかじめ談合し、彼らの利害を代表する候補者三名を特定し、この三名について投票することを決めれば、三人の代表はすべてこの最大多数派によって独占されてしまう。一方、単記単純多数で三名の代表を選ぶ場合、仮に小差で規模を異にする三つ以上のグループがあるとすれば、一人はそのうちで最大の規模のグループの利害を代表する候補者が選ばれるが、二人目は第二グループ、三人目は、第三番目の規模のグループの推す候補者が選ばれることになる。また第一の規模のグループが第二の規模のグループの二倍以上の勢力をもち、しかも第一のグループの票をうまく二つにわることに成功すれば第一のグループで二人の候補者を当選させることができる。反面、票割りに失敗したり、第二番目以下のグループが提携して連合を組むと当選は一人に終る場合も生じる。

選挙の単位となる有権者のグループについても、たとえば複数の町村が合併して新市ができた場合、市会議員を全市一区として選出する場合と合併前の旧町村を選挙区としてそれぞれ議員定数を割りふり選出する場合では結果がかわってくる。全市一区の場合、合併前の町村の人口数が不揃いで、飛び抜けて人口の多い町や少ない村があると、人口の多い町から立候補した候補者に市会議員の大半を独占されたり、逆に人口の少ない村からは一人も代表を送れない結果になったりする。かといって合併前の各町村を選挙区として選挙を行うと、今度は人口と定数のアンバランスが生じたり、市会議員に旧町村の地元代表という性格が強くなり、いつまでたっても市としての統合が進まないといった政治的弊害に悩むことになる。また全市一区になると、それまで各町村では少数派であったが、しかし全市を合わせるとかなりの数に達する特定の社会勢力や組織に属する有権者も代表を送ることが可能になる。このように考えると選挙の制度、方法や選挙区の区割りが選挙結果に大きな影響を及ぼすことがわかるであろう。

現在〔一九八五年〕わが国では衆議院における定数是正が問題になっている。最も有力とみられる自民党の是正案は、いわゆる六増六減案といわれるもので、各選挙区における議員一人当たりの人口（有権者数）が一対三の比に納まるように一人当たり人口（有権者数）の最も多い千葉四区、神奈川三区、埼玉二区、東京一一区、千葉一区、埼玉四区の六選挙区でそれぞれ定数一名を増やし四人区とし、議員一人当たりの人口（有権者数）の最も少ない兵庫五区、鹿児島三区、石川二区、愛媛三区、秋田二区、山形二区の六選挙区でそれぞれ定数一名を減じ、特例としてこれを二人区として残そうというものである。

これに対し定数の減る六つの選挙区から選出されている現職議員の激しい反対が生じている。わが国では一九四七（昭和二二）年に現行の選挙区制が成立して以来、各選挙区の定数を三名以上五名以内とするいわゆる中選挙区制をとってきた。なるほど公職選挙法には各選挙区の定数が三名以上五名以内でなければならないという規定があるわけではない。既に例外として定数一名の奄美群島区が存在している。しかし、定数二名の選挙区を三つも作るとということになるとこれまでの中選挙区制に重大な変更を加えることになる。これら三選挙区にはいずれも同県内に隣接する三人区が存在する。従って、これと合併して定数五名の選挙区をつくれば従来通りの中選挙区制が維持できるわけである。それでは何故これが行われないのか。

一九八三（昭和五八）年一二月の総選挙に際し、兵庫五区では民社党の佐々木良作が五万三千票余りを獲得し、トップ当選を果した。ところがこれに隣接する兵庫三区では公明党の駒谷明が七万九千票余りを獲得し、第三位で滑り込み当選を果している。この選挙区の五人の有力候補のうち最下位で次々点の無所属小林正巳でも六万四千票余りの得票をえている。つまり、兵庫五区と三区が合併して五人区となっても、各候補が仮に前回総選挙とほぼ同数の得票を獲得したとすると、新選挙区の五人の定数はすべて旧兵庫三区の五人の候補者に独占され、旧兵庫五区の候補者は全員落選することになる。これでは兵庫五区選出の現職議員が自己の政治的生命にかかわるものとして猛反対するわけである。

公職選挙法の規定によると衆議院議員の選挙区および定数は別表第一において「五年ごとに、直近に行われた国勢調査の結果によって、更正するのを例とする」とされている。ところがこの規定が空文化し、更正が行われず、著しい定数不均衡が生じてしまった。その理由は更正に関して罰則規定のないことと、選挙区や定数の更正が現職議員の当落に重大な影響をもつためである。更正を行うためには公選法別表の改正を必要とする。いうまでもなく、これは国会の権限である。そのため更正によって自己の政治的生命にかかわる不利益を受ける現職議員が猛反対をするわけである。

もっとも、これまで更正が全く行われなかったわけではない。一九六四（昭和三九）年、米軍の占領下にあった奄美群島の返還に際し、同地域に対する新選挙区の創設と同時に、これを含めて全国で二〇名の定数増が行われた。さらに一九七五（昭和五〇）年には一部選挙区の分区と二〇名の定数増が行われた。しかし、これが可能であったのは、何れも選挙区の分区や定数増で、選挙区の合併や定数の減員が伴わなかったためである。

二　代表選出の方法と多数代表制の特色

代表を選出する仕方には、その選出法のもつ性格や働きという点からみて、三つのやり方がある。多数代表制、少数代表制、比例代表制である。もっとも現実にはそのような選出法のもつ特性とは無関係に、時の政治勢力の妥協の結果として特定の選出法が導入されたり、すでに状況が変化してしまったにも拘わらず、無批判に従来の選出法がそのまま踏襲されている場合も珍しくない。

多数代表制とは、元来、選挙区の有権者の多数派の意思を、できるだけ選挙結果に反映させるように工夫された制度である。選挙区から選出される代表の数に着目して、一つの選挙区から一人の代表を選出する選挙制度を小選挙区制、二人以上の代表を選出する制度を大選挙区制という。この場合、選挙区の広さや有権者の数の大小は関係ない。この小選挙区制や大選挙区完全連記制は多数代表制の典型的な例である。一方、少数代表制とは選挙区の少数派にもできるだけ代表選出の機会を保障するように工夫された制度である。大選挙区制限連記制や大選挙区単記投票制がこの例である。現行の中選挙区制は大選挙区単記投票制の一種である。

中選挙区制は一九二五（大正一四）年、加藤高明護憲三派内閣の手によって行われた選挙法の改正に際し、はじめて導入されたものである。提案理由の説明では当時行われていた小選挙区制が選挙区の区域が狭いため腐敗が生じやすく、またそれ以前の大選挙区制では逆に区域が広すぎてこれまた不利益が多いので、両者の弊害、不利益を除去するために中選挙区制をとるとされていた。一九一九（大正八）年、政友会の原敬内閣の選挙法改正で採用された小選挙区制は、政友会に極めて有利な党利党略にもとづいて選挙区の区割りがなされており、翌年の総選挙で、政友会は四六四議席中二七八議席を占めるという絶対過半数を制した。それだけにこの小選挙区制に対する批判は厳しく、加藤内閣における選挙法改正に際しては小選挙区制の廃止は当然とされたが、護憲三派の一角を形成する革新クラブが議席三〇の小党であったので、同党の党勢維持に配慮して、少数派に有利なこの中選挙区制の導入をみることになったのである。

比例代表制とは有権者の票をできるだけ生かし、選挙区における有権者の意見や利害の分布をできるだけ正確に制度の上に反映させようと工夫したものである。大きくいって単記委譲式と名簿式にそれぞれ代表される二つのグループに分けることができる。この二つの方式は多少狙いを異にする。単記委譲式は有権者の死票を減らすことに主眼を置いている。いうまでもなく、落選した候補者に投票した票は死票になる。一方、当選した候補者の場合も、当選に最小限必要とされる票数以上の票は考えようによっては死票である。そこでこれら死票を、選挙区をできるだけ大きくすることによって、有権者の指定した第二順位以下の候補者にまわすことを可能にし、有権者の意見を多少なりとも選挙結果に反映させようというわけである。実際には投票に際し、候補者に順位をつけさせ、当選に必要な最低限の票数、いわゆる当選基数を算出し、当選基数をこえる票、および落選者の票を第二順位以下の候補者にまわすことになる。当選基数の計算の仕方や票の委譲の仕方をめぐりさまざまな方式が考えられる。

名簿式は政党本位で有権者の支持政党の勢力比をそのまま議席に反映させることを狙ったものである。一番単純なのが厳正拘束名簿式と呼ばれるものである。これは各政党がそれぞれ順位をつけた候補者名簿を提出し、有権者はその名簿に従っていずれかの政党に一票を投じる。議席は各党の獲得票数に応じて配分され、各党はそれぞれ名簿の高位順に配分された議席数に達するまでの候補者を当選とする。一九八三（昭和五八）年の参議院選挙から従来の全国区にかえて採用された比例代表選出議員の選挙方式はこれである。この方式では有権者は各政党の候補者名簿の順位をそのまま承認しなければならない。それでは不合理だというわけで、候補者の順位に有権者の意向を生かす工夫をめぐり、また各党の獲得した得票数に応じて議席を配分する計算方法をめぐって無数といってもよい程の多数の修正方式が考案されている。比例代表制については項を改めて詳述されるのでこれ以上ここでは触れない。ただ、比例代表制はヨーロッパ大陸のように社会が異質的で、言語、宗教、人種、階級等をめぐり国民がいくつもの下位グループにわかれているような社会において最もよくその特色を発揮する。従って、ソ連圏以外の西ヨーロッパの諸国には、英国とフランスを除いて千差万別ではあるが、なんらかの形態で比例代表制を導入している国が多い。

先述のように多数代表制の典型が小選挙区制である。今日、小選挙区制を採用している国はイギリスやアメリカ、カナダ、オーストラリアなどアングロサクソン系諸国のほかフランスおよびソ連などをあげることができる。イギリスにおける議会政治の歴史をたどるならば、元来庶民院の議員は州や都市など地域社会の代表から発展したものである。はじめ彼らの権限は逐一選挙母体である地域社会から委任され、従って彼らの同意した議会における決定は地域社会を拘束した（命令委任）。代表が選挙母体の直接的拘束からの独立性を獲得し、政治的代表に変質するのは近代に入ってのことである。従ってさらに進んで議員は個々の選挙区の地域利益の代表ではなく、国民全体の代表であるとする国民代表の理論が確立するのはようやく一七世紀の末から一八世紀にかけてのことである。もっともエドモンド・バークのブリストル演説はこの国民代表の理論を端的に表明したものとして有名であるが、見方を変えれば当時のイギリスの現実がこの理論とはほど遠いものであったことをしめすものともいえる。一方、アメリカはいうまでもなく連邦国家であって、歴史的にみれば連邦に先立ってすでに州が存在していた。州においても地域社会の自治は極めて強力である。従ってアメリカにおいては今日に至るまで地域代表の観念が強い。このような政治的伝統と地方自治の強力な社会では小選挙区制は比較的抵抗なく受けいれられやすいといえよう。

ただこのように論じたからといってイギリスが昔から小選挙区制をとっていたわけではない。イギリスにおいて小選挙区制が事実上確立したのは一九世紀も末の一八八四年と八五年の選挙区改正の結果であり、完全に全選挙区が小選挙区制になったのは第二次世界大戦後の一九四八年のことである。イギリスでは中世以来、州や都市の人口にかかわりなく、各地域社会から二名ずつ代表を議会に送ってきた。このような地域代表の伝統が小選挙区制の導入に発展したわけである。

小選挙区制はしばしば二大政党制をもたらすと主張されている。たしかにわずかな得票の増減で選挙の当落が逆転し、有力政党の得票率の差が実勢以上に議席数の大きな差となって表われる傾向があることは事実である。しかし、小選挙区制を採用したからといって直ちに二大政党制をもたらすと結論することは早計である。わが国では一八九〇（明治二三）年の第一回総選挙から九八（明治三一）年の第六回総選挙まで、一部の定員二名完全連記の選挙区を除いて、小選挙区制がとられていたが、強力な選挙干渉という事実があったにせよ、二大政党制どころか小党分立の状態が続いた。

イギリスにおいても、小選挙区制が導入されたのは一九世紀の後半、すでに二大政党制は確立し、自由党のグラッドストーンと保守党のディズレーリが交互に政権を担当して国政の衝にあたるという議会政治の黄金時代においてのことであった。むしろ小選挙区制が導入された後に、自由党の衰退と労働党の台頭が生じ、二大政党制から三党制に移行し、ついで労働党が次第に議席を伸ばし現在の保守、労働二党の二大政党制時代を迎えたのである。イギリスにおいては各選挙区から二名の代表を送るという中世以来の伝統の方が、二大政党制の確立に寄与したといった方がよいかも知れない。

小選挙区制の最大の問題は、候補者の力が伯仲している場合、死票が非常に増えるということである。候補者二人がデッド・ヒートを演じると、五割近くが死票になってしまう。さらに棄権を計算に入れるならば、有権者の半数にも及ばない支持でその選挙区の代表が選ばれるという結果に終る。そこで現在のフランスの国民議会の選挙では二回投票制を導入し、第一回の投票では有効投票の過半数を獲得し、しかも有権者総数の四分の一を超えている場合のみ当選としている。この条件をみたす者がいない時は、有効投票五％以上をえた候補者のあいだで、一週間後に再選挙を行い、単純多数で当選者をきめる。このような過半数主義はオーストラリアでもとられ、候補者名簿に順位をつけ、過半数に達するものがでるまで委譲するという方式をとっている。

ソ連の小選挙区制も過半数主義で、フランス同様二回投票制をとり、第一回投票で過半数に達したものがない時は、上位二人で決戦投票を行うことになっている。ただし、周知のようにソ連では通常各選挙区立候補者は一名であるから、第一回投票で当選が決定するのが普通である。ソ連が小選挙区制であるというと奇異な感じを受けるかも知れないが、ソ連はたて前としては階級なき同質社会であるから、代表選出の方法として地域代表制をとっても格別の矛盾は生じないわけである。

多数代表制のもうひとつの方法が完全連記制である。これは、理論上は小選挙区制と同じ効果を発揮する。本稿の冒頭にしめした例からもわかる通り、その選挙区の多数派が定員いっぱいの候補者を立てれば、それら候補者は全てほぼ同数の得票をし、議席を独占することができるからである。ただし、現実には有権者が完全な情報やコミュニケーションのネットワークをもっているとは限らないので、理論どおりにいかない場合も少なくない。わが国では先述の第一回総選挙から第六回総選挙まで、主として市部で二名の代表を二名連記で選んでいたが、その結果をみると、所属政党とは無関係に候補者の知名度の高い順に二名が選ばれるという例が多かった。

三　少数代表制の特色

少数代表制の場合、単記投票ならば有効投票数を定数プラス一で割った数以上の得票があれば、一名の代表を選出できる計算になる。定数に一をプラスするのは選挙という以上、立候補者は定数よりも少なくとも一名以上多いはずだからである。わが国の中選挙区制を例にとれば、三人区では二五%、五人区では一七%以上の得票を集めれば当選できることになる。しかし、いかに少数代表制といっても、これ以下では理論上は代表を送ることはできない。もっとも現実には複数の当選者の中には必ず当選に必要な最低得票数以上に得票しているものがいるから、実際の当選に必要な得票数はもっと少なくてよいことになる。少数代表制の場合、小選挙区制に比べれば死票の数は確かに少なくなる。反面、多数派の候補者の一人が大量得票したりすると、多数派が計算上、獲得できる議席数より減ってしまう可能性が生じる。つまり、選挙戦略や運動の巧拙がかなり結果に影響する。多数派〔政党〕の方が、死票が増える場合すらある。

一九八三（昭和五八）年の総選挙についてみると、自民、社会、公明の三党は獲得議席率が得票率を

表1　昭和58年衆院選における得票率と議席率

	得票数	得票率（%）	議席数	議席率（%）	1議席当たりの得票数
自民	25,982,781	45.8	250	48.9	10,931.1
社会	11,065,080	19.5	112	21.9	98,795.4
公明	5,745,750	10.1	58	11.4	99,064.7
民社	4,129,907	7.3	38	7.4	108,681.8
共産	5,302,485	9.3	26	5.1	203,941.7
新自ク	1,341,584	2.4	8	1.6	167,698.0
合計	56,779,690	100.0	511	100.0	111,114.9

表2　参院55年全国区と58年比例区の得票率と議席率

	得票数		得票率（%）		議席数		議席率（%）	
	55	58	55	58	55	58	55	58
自民	23,778,118	16,441,437	42.5	35.3	21	19	42.0	38.0
社会	7,341,747	7,590,331	13.1	16.3	9	9	18.0	18.0
公明	6,669,365	7,314,465	11.9	15.7	9	8	18.0	16.0
民社	3,364,478	3,888,429	6.0	8.4	4	4	8.0	8.0
共産	4,071,975	4,163,877	7.3	8.9	3	5	6.0	10.0
自ク連	351,291	1,239,169	0.3	2.7	0	1	0.0	2.0
サラ新		1,999,244		4.3		2		4.0
福祉		1,577,630		3.4		1		2.0

上回り、民社党はほぼ同率、共産、新自由クラブの両党は議席率が得票率を大きく割り込んでいる。この選挙で一議席あたりの得票数が最も少なかったのは第二党の社会党で、僅差ではあるが、公明党、自民党の順であった。共産党は勝敗を度外視して候補者を立てる傾向もあずかって、一議席あたりの得票数は社会党の二倍以上に達している（**表1**）。

ところで、少数代表制でも、議席の数が十分多い場合には、比例代表制に劣らず選挙区の有権者の政党支持の分布が正確に議席数に反映する。わが国では一九八三（昭和五八）年の参院選から、全国区にかえて比例代表制が導入された。そこで八〇年参院選の全国区選挙と八三年参院選の比例代表選挙を比較してみると、八〇年の方が八三年より得票率と議席率のバラつきは若干大きいものの、それほどの違いはない。政党によってはむしろ八三年の方がズレの大きい例もみられる。全国一区の大選挙区で定員が五〇名にも上ると、少数代表制でも比例代表制とほとんど変わらない結果が得られるのである（表2）。

四　わが国における現行選挙区制の問題点

候補者の中には特定の地域社会に集中的に支持者をもっているタイプと、個々の地域社会では最多数派というわけではないが、たとえば市部を中心に選挙区全体にわたって満遍なく支持者をもっているといったタイプがある。労働組合や特定の宗教団体をバックにする候補者にはこのタイプが多い。前者は地盤を中心として選挙区は小さい方が有利であろうし、後者は選挙区の広い方が有利であろう。いずれにしても、自分の支持者の多い地域社会だけから選挙区が構成されていれば一番いいわけである。かつて一九世紀のはじめ、アメリカのマサチューセッツ州知事で民主党のゲーリーは、州上院で反対党のフェデラリストを圧迫する目的で極めて不自然な選挙区割りの改正を行った。この選挙区の形が想像上の動物であるサラマンダーに似ているというので、党利党略にもとづいて選挙区割りを行うことをゲリマンダーと呼ぶようになった。

一九五六（昭和三一）年、第五次選挙制度調査会の答申を受けて鳩山内閣は小選挙区制の導入と人口移動に応じる定数是正を内容とする公職選挙法の改正案を国会に提出した。しかし、この改正案には与党議員の圧力によって、一方的に現職議員に有利な選挙区割りが織り込まれ、行政単位や地理的条件その他を無視した不自然な選挙区が多かったため、野党やマスコミの集中的な攻撃を受け、参議院で審議未了となり廃案になった。これは当時ゲリマンダーになぞらえて、ハトマンダーと呼ばれた。

一九七〇（昭和四五）年、第七次選挙制度審議会は政府から政党本位の選挙を実施するための衆参両院の選挙制度全般にわたる改善案の諮問を受けた。同審議会は二年間にわたり審議を重ねたが、一九七二年答申寸前に国会が解散され、衆議院議員として同委員会に参加していた委員がその資格を失ったため、審議会は検討された各案を並列的に政府に報告するにとどめ、任期満了により解散した。

しかし、この第七次選挙制度審議会で検討された各案のうち特に注目を集めたのが、衆議院の選挙区制改正案として提案された小選挙区比例代表制併立案と併用案であった。小選挙区比例代表制併立案とは、都道府県単位で議員定数の五割または六割を小選挙区制で、残余を厳正拘束名簿式比例代表制で選出しようというものである。また小選挙区比例代表制併用案とは、西ドイツの選挙方式に範をとったもので、各都道府県の定数全体を比例代表制により各政党に配分し、定数の七割または六割にあたる部分を小選挙区で当選した候補者で充当し、残余を厳正拘束名簿式比例代表制名簿の高位順に埋めていくというものである。有権者は比例代表制名簿と小選挙区制候補者に対する二票をもち、比例代表制の配分はドント式によるとされていた。この答申案は実際には陽の目をみなかったが、将来、衆議院の選挙区制の改革が具体的日程にあがった場合、そのたたき台のひとつとなるものと思われる。

なお、この第七次審議会は参議院の選挙区制についても一部地方区の定員増による定数是正と全国区についての比例代表制の導入を提案している。今回の参議院の選挙制度の改革のもとをなすものである。ただし、この時の審議会案では有権者は各政党の名簿に記載された候補者の一人について指名投票を求められ、これをその政党名簿に対する投票とみなし、ドント式計算法で各政党に議席を配分し、各政党の当選者は指名投票の得票順によるというものであった。しかし、今回の改正では従来の全国区が選挙区としてあまりにも広大なため、選挙運動に膨大な政治資金を要すること、また候補者に肉体的条件を無視した苛酷な運動を強いるとして、これを是正する目的で厳正拘束名簿式比例代表制が採用された。

しかしこの改正案には国会審議の段階で、筆者自身参議院の公聴会における公述人として、また『ジュリスト』（七七六号、一九八二年一〇月一五日号）でも批判したように、いろいろ問題が存在した。そのひとつが各党における候補者名簿の順位の決定をめぐる対立である。とくに自民党では候補者の獲得党員数によって名簿の順位を決定するとしたため、各候補者およびその支持組織のあいだで、激しい党員獲得競争が行われ、金のかからぬ選挙どころか、従来ほどではないにしても相変らず膨大な政治資金が費やされる結果となった。

さらに、「この法改正の最大の問題は、名簿投票の結果生ずる効果が、その後の議員の地位に対してどの範囲まで及ぶかという問題である。有権者は政党名を記入して投票する。形式的には名簿登載者とその順位を一括承認の上で選挙をしたということになるだろう。もしそうだとすると、選挙後当選者の一部が党から除名されたり離党した場合、名簿から削除され議席を失うのが筋である。しかし憲法は参議院議員の任期を六年と定めているから、実際には議員の食逃げを認めざるをえない。」（前掲『ジュリスト』）

最近、福祉党の名簿第一順位で当選した八代英太が自民党に入党したため生じた紛議はこの例である。「また、政界再編が行なわれて、政党間の集合離散が行なわれた場合、すでに消滅した政党に投票した国民にとって何とも割り切れない感じが残ることになる。それどころかこの法律は名簿当選者に欠員が生じた場合、任期中六年間にわたり名簿からの繰り上げ当選を認めている。繰り上げの時点で名簿登載者がすでに除名され離党していた場合や、政界再編により党自体が分裂したり、統合されている場合、大問題が生じる。分裂した一方のA党に欠員が生じ、繰り上げられる補欠候補者はB党に属する場合を考えてみれば明らかであろう。」（前掲『ジュリスト』）

この比例代表制はいろいろ問題点が多い。すでに次回の参院選をもって最後にし、再改正を行うべきだとする議論も提起されている。真剣に検討すべき問題だと思われる。

第六章

政治システムと選挙制度

――議院内閣制と選挙制度

一　今なぜ政治改革か

内外にみる政治不信の払拭

一九九三（平成五）年六月一八日、宮沢内閣の不信任案が可決成立して、国会は解散され、自民党は分裂して、新党さきがけと新生党が誕生した。七月一八日の総選挙で自民党は離党者や非公認を除いて、解散時の議席を一議席ふやして現状を維持したものの、社会党は議席を半減させるという敗北を喫し、新生党、日本新党は躍進し、新党さきがけも議席を伸ばし、自民党と社会党主導の五五年体制は大きな転機を迎えることとなった。

政局をめぐる混乱の中で国民の政治不信は頂点に達した。政治不信の第一の原因はリクルート事件に始まり、共和・佐川の問題、金丸事件さらに、仙台市長、茨城県知事など地方自治体の首長を巻き込んでのゼネコン汚職など政治資金をめぐる底なしの政治腐敗である。

さらに、これとの関連で明らかになってきたところの自民党内部での派閥政治の弊害や国対政治をめぐる不明朗な与野党の取引や癒着、さらに国の基本政策の確立や転換をめぐる国会審議の混乱や総理および政府のリーダーシップの欠如と決定の先送りなどが国政全般に対する政治不信を増幅した。

一方、冷戦構造の崩壊と世界経済に占める日本経済の比重の増大に伴う国際的地位の向上等に応じて日本の国際的責任が増大し、国際的な期待もかつてないほどに高まっている。しかし、相次ぐ政治スキャンダルに政権が揺れ、政策形成をめぐるリーダーシップ不在の状況が継続し、相も変わらぬ地域的な自国中心主義的政策に埋没し、国際的責任の増大に見合う世界的視野に立った政策へと転換脱却できないでいるといった状況は、米国やヨーロッパ諸国をはじめ、ロシアあるいは発展途上国の日本政治に対する不安と不信感を醸成している。このようなわが国の政治に向けられた国の内外における政治不信を払拭し、わが国の政治に対する不安を取り除き、信頼を回復するためには、日本の議会政治システムが民主的でかつ国民の強い支持に支えられて活発に機能していることが必要である。今何よりも求められているのは、そのための政治改革である(1)。

政治腐敗を構造的に誘発する中選挙区制

これまでロッキード、リクルート、共和・佐川問題に金丸事件と政界では周期的に政治腐敗や政治スキャンダルが暴露され、国民の政治不信を高めてきた。その原因のひとつに現代の政治にひじょうに金がかかる、特に選挙に金がかかるということが挙げられる。確かに、社会の情報化が進み、交通・通信手段も飛躍的に増大し、国民の生活水準も向上した。一方で、民主化が進み、一握りの有力者のもつ地域社会に対する伝統的な統制力は崩壊し、国民は直接的な政治参加を求め、その機会も増大した。その結果、国会議員は選挙地盤を維持、強化するために東京と選挙区との間で電話、ファクシミリ等、通信機器を利用し、あるいは直接往復して選挙民と頻繁な連絡を重ねるようになり、これに伴う膨大な経費や人手を要するようになった。通信費、交通費、会合費、人件費等々の増大が政治や選挙をめぐる政治資金の膨張をもたらしたことは疑いない。ある意味においては、これは民主主義の必要経費といってもいいだろう。しかし反面、これら経費の中には、本来かけなくてもいい、あるいはかけてはいけない経費も含まれている。

つとに指摘されていることだが、現行中選挙区制のもとでは、政権獲得を目指すならば、平均して各選挙区で複数の議席を獲得することが必要である。衆議院議員五一一名の過半数である二五六を制するためには、現行中選挙区制の選挙区は一二九であるから、各選挙区平均二議席以上を獲得しなければならない。大都市圏など多党化が進んで一党で複数当選は不可能な選挙区もあるので、選挙区によっては三議席以上の議席を獲得しなければならないところも生ずる。必然的に、多くの選挙区で複数の政権党の候補者が互いに当選を競うことになる。同一政党に所属する候補者が相争う場合、所属政党の政策は基本的には同じであるから、党の政策を訴えて集票するだけでは不十分である。候補者個人の業績や資質や将来性を強調して同一政党所属の他候補との差別化をはかることが必要になる。その結果、選挙は個人中心となり、再選に向けての日常の政治活動も個人中心に展開せざるを得なくなってくる。

このような状況のもとでは、政党の選挙区における支部組織は、ほとんど機能しえない。互いに相争う複数の候補者に対し、すべてが満足するような均等な政党支部活動を行うことは不可能だからである。そこで、政治家ごとに個人後援会が結成され、後援会が日常の政治活動と選挙運動の中核的組織になる。政党の選挙区支部は、事実上その選挙区の最有力議員の後援会が肩代わりするようになる。政治活動費や選挙運動費は政党支部が負担する代わりに、個人後援会が負担し、同士討ちによって各政治家の政治資金はウナギのぼりに増大していく。現行中選挙区制では、都道府県ごとに三ないし五人（二人区と六人区の特例区がある）の議員を選出するひとつないし数個の選挙区に区画されているから、政治家はこの広い選挙区の主要な市町村にくまなく後援会事務所を設け、秘書をはりつけ、日常世話活動や選挙運動の拠点とするようになる。そして、後援会有力者の冠婚葬祭、就職、入学の世話から始まって神社の祭礼や盆踊り、地域社会のさまざまなイベントや集会に対する寄付、さらに後援会員の職業上・日常生活上の利益にかかわる公共投資の導入や補助金・行政サービスの獲得など選挙民サービスに多くの精力と、スタッフ、資金が投下される。政治に金がかかるといっても、これらの経費は明らかに民主主義の必要経費とは言い難い。

いかなる選挙制度のもとにおいても金をかけようと思えばかけられるが、わが国の現行中選挙区制が必要以上の政治資金の投下を促進している側面は否定できない。昭和五〇年の三木内閣の手による政治資金規正法の改正によって、政界に流入する政治資金の総額の規正と、政治資金の出と入りを透明化する試みがなされた。しかし、政治資金の流入に比較すると、政治資金の支出については抜け穴や盲点が多く、結果として政治資金の支出の抑制についての効果があがらず、かえって無理な金集めが行われるようになった。株式の運用等による政治資金の調達、政治資金パーティー、多数の政治団体を設立し、政治資金を分割・分散化して資金源を秘匿し、あるいは特定業界団体に団体献金の枠を超えた献金を強要して、企業は会計上さまざまな工夫をこらし、時にはこれを使途不明金として処理するなど、さまざまな弊害が生じてきた。何れにしても、このような政治資金の増大は、個人の調達能力を超えている。そこで、資金力に乏しく、選挙地盤の不安定な当選回数の少ない議員は、派閥に身を寄せ、派閥の幹部から直接政治資金の援助を得、あるいは継続的な政治献金先の紹介等を求めるようになった。

中選挙区制のもとでは、同一選挙区の同一政党所属の政治家は、再選を目指す上で最大のライバルとなる。そのため、これら政治家は各々異なる派閥に身を寄せ、一方総理総裁をうかがう有力政治家は派閥を形成し、その強化に努め、総裁選での多数派工作の拠点となる勢力の結集を図るようになった。金のかかる選挙は、政治資金をめぐる腐敗やスキャンダルの誘因となるばかりか、派閥政治を一層強化することにもなったのである。

さらに中選挙区制で問題になるのは、ある政治家に関わる政治腐敗が発覚し、世間の厳しい糾弾を浴びても、最も極端な五人区の場合、少なくとも六人以上の候補者で五議席が争われるのだから、六で除して一七%、投票率を計算にいれれば有権者の一〇%前後の支持があれば再選が可能になる。そのために、今まで、スキャンダルに連座した議員は、後援会に見放されない限り、ほぼ確実に再選される。ロッキード事件このかた、政治腐敗で批判の対象となった政治家が落選することなく再選され、国民の政治不信を買ったことは記憶に新しい。

長期政権の生みだすもたれ合いの構造

このような政治腐敗の横行の原因として派閥政治と並んであげなければならないのが政権交代のないことである。一九五五（昭和三〇）年保守合同により自民党が結成されて以来、一九九三（平成五）年総選挙の結果、細川護熙を首班とする非自民勢力に政権を譲るまで三八年間にわたって自民党政権が継続してきた。内閣は交代したが、政権政党として、新自由クラブと連立した中曽根内閣の一年余りを除いて、自由民主党は一貫して単独与党の座を占めつづけてきた。もちろん自民党の長期政権が継続したことについては、野党の側にも問題がないわけではない。一九五五年、保守合同に先立ち、両派社会党が統一して日本社会党が誕生した当時こそ、マスコミ言論界で、いずれ社会党政権実現の可能性があると期待されたものの、目標とする社会主義の内容やその実現のための議会政治の位置づけをめぐり、まず民社党と分裂し、議会主義重視路線に転じた共産党についで公明党の進出により、野党の多党化が進んでいった。しかも、社会党、民社党は労組のナショナル・センター、産別組織あるいは有力単組、公明党は宗教団体、共産党は強力な党組織に依存して、広範な国民各層に支持を広げることに成功しなかった。民社、公明、共産の三党は中選挙区制の構造的特性に乗じ、都市部の四人区、五人区を中心に議席を維持し、社会党も野党の多党化のあおりを受けて次第に複数議席の維持が困難になり、むしろ各選挙区で一議席を確保し、その再選を確実にする道を選ぶようになった。

その上、野党第一党の社会党の内部では、冷戦構造を背景に国際関係に対する認識や安全保障、自衛隊、原子力等に対する政策をめぐり、政府、自民党と全面的対決姿勢をとる立場も強く、これらの問題をめぐり野党は相互に対立、反発しあって野党のうちの一党あるいはその連合が自民党に代わる政権の受け皿に成長し、自民党が政権を失うという可能性はほとんど期待されなかった。そのため、長期政権のもと自民党と経済界、業界団体、中央諸官庁との間にさまざまなもたれ合いのシステムや癒着がはびこることになった。もし政権交代があれば、新たに内閣を組閣した政党は、前政権の腐敗や癒着、公私混同を厳しく洗いだすであろう。腐敗や癒着の事実が明らかになれば、その政治家、時にはその政治家の所属政党まで再起不能の打撃を受ける。政権交代の可能性があるということは、常に与党政治家に緊張感と自己規制をもたらす。政権交代は政治腐敗に対する最大の抑止力である。

総理のリーダーシップ不在をもたらす派閥政治

このような政治腐敗に加えて、一九九一（平成三）年秋の臨時国会における政治改革三法案の審議や、三国会にわたり審議を重ね、一九九二（平成四）年の通常国会でようやく成立したＰＫＯ法案の一九九二年の通常国会における審議の混乱、あるいはガットと米の自由化の問題に対する決定の先送りなどにみられるように、重要な公共政策の選択や転換に、ともすれば政府与党の足並みが乱れ、対応に一貫性を欠き、決定までおびただしい時間が空費されることも政治不信の大きな原因になっている。加えて、野党の側も野党間の主導権争いに血道をあげ、あるいは審議拒否や会期切れを人質にとっての物理的な抵抗に明け暮れし、国会審議に迷走や混乱をもたらし、さらに国民の政治不信を倍加している。

このような政治的リーダーシップ不在の構造的原因のひとつが先述の与党自民党における派閥政治の横行であった。政党の中で政策や人脈をめぐって派閥の生ずることはある程度まで避けられない。しかし、総理・総裁の地位をめぐる政権獲得の手段としての派閥の存在は、総理と内閣の公共政策の形成をめぐるリーダーシップに大きな掣肘を加えるばかりか、内閣の政治責任の所在をあいまいにすることとなった。自民党の派閥は、リーダーにとっては総理総裁の地位の獲得の手段であるが、派閥の構成員の立場からみれば、閣僚や党のポスト獲得の手段であり、政治資金の調達源であり、中央政府の許認可権や事業官庁の予算配分権に圧力をかけて選挙区で利益誘導をするための手段でもある。

しかも、政治活動に必要な政治資金がうなぎ登りに増えていくにつれて、政党が正規のルートで経済団体や業界団体を通じて調達する政治資金ではとても賄いきれなくなり、個々の政治家にとっても個人的調達能力の限界をはるか超えるようになった。そのため、派閥が必要な政治資金の一部を政党から肩代わりして競って業界や個別企業から政治資金を調達し、派閥の構成員に党からの政治資金の上積みとして直接政治資金を手当てし、あるいはその調達先を斡旋するようになった。

もちろん、党の力にも余る膨大な政治資金の調達を、限られたひとつ、ふたつの派閥ですべて肩代わりすることは到底不可能である。昭和四〇年代までみられた派閥間の、第二次大戦に至る戦前の日本の歴史に対する評価や、冷戦構造を背景とする憲法第九条や自衛隊等に対する態度の相違も、ここにきてほとんど見分け難くなり、派閥はイデオロギーや政策の相違に基づくというよりは政権と中央省庁に対する影響力の獲得を争う手段としての性格を強くしている。

いずれの派閥も、自民党の衆参両院議員の過半数を制するには遠く及ばないので、政権は必然的にこれら派閥の合従連衡によって形成されることになる。どの派閥が欠けても自民党は衆議院の過半数を割ることになるから、閣僚や党三役の役職は、ほぼ各派閥の構成員の数に応じて配分されている。たとえその派閥が党内で反主流派と目されている場合でも、閣僚や党の役職の重要度の差はあるにしても、一応一定数のポストが配分される。

問題は総理が派閥間の合従連衡によって決まるため、総理の地位が不安定で、次の総選挙で不利に働くと予想される党に傷みを伴うような、重要な野党との対決法案の提出を余儀なくされると、決まって次期総理の地位をにらんで、あるいは党内の主導権をめぐって派閥抗争が展開され、国会運営に混乱やもたつきが生ずることである。そのため、総理の地位を維持し、内閣の延命をはかるために、重要な政策についての決定の先延ばしがはかられ、ともすればどのような政策を実現するかということよりも、政権そのものの維持が優先されがちになるという弊害が生じる。また、特に三木、福田、大平の三内閣の時代に典型的に見られたように、与野党伯仲状況のもとでは、法案成立に必要な多数派を構成する上で、各派閥のもつ数の上での重要性が増すので、野党を巻き込んでの党内における派閥抗争が激化する傾向がある。

さらに、派閥政治で最も問題になるのは、内閣や党の命運をかけた重要な対決法案が不成立に終ると、総理の政治責任を追求する派閥抗争が燃え上がり、解散総選挙あるいは内閣総辞職に追い込まれるが、それ以外の派閥は、その法案の所管大臣の派閥はもちろん、たとえその内閣を支えてきた中心派閥、時には総裁派閥すら口を拭って責任を負わないばかりか、時には次の総理の選任にあたって主導権を発揮したりすることである。法案不成立の大きな原因が党内の派閥抗争にあったことは棚にあげて、各派閥から総理の指導力の不足に対する政治責任が追求され、総理の更迭をもって国民に対する申し開きがすんだとして、党自体は国会ひいては国民に対する政治責任をとろうとしない。そもそも法案自体がしばしば派閥間で小突き回されたあげくの妥協の産物のため、総理も各派閥もいずれも中身に不満足で、法案の内容に対する自信や愛着に基づいてその成立をはかるというよりも、内閣あるいは党の提出した法案を成立させることに総理・総裁の力量と責任が問われるというもっぱら手続論的見地から法案成立の努力が重ねられる。派閥政治は、政策の内容と形成という両面において、政党の無責任体制を生み出し、政権の国会ひいては国民に対する政治責任を不明確にするという、議会政治において根本的な問題をはらんでいる。

国会審議を形骸化する国対政治

派閥政治とからんで国民の政治不信を高める原因となったものに国会運営をめぐる国対政治の弊害がある。昭和四〇年代に入り、政権党である自民党の議席率が六〇％を割り、与野党の議席が伯仲し、しかも野党の多党化が進むにつれて、現行憲法のもとでは国会の運営は委員会制度をとっているので、政権党である自民党の委員は重要委員会においても過半数ぎりぎりとなり、事実上過半数割れに近い状況に追い込まれ、国会運営は著しく困難になっていた。しかも、国会運営は元来常任委員会である議院運営委員会の任務であるが、委員会自体の運営を協議する委員会の理事会は委員数に応じて各党の委員から構成され、帝国議会以来の慣行で、満場一致主義をとっており、委員会自体も自民党の議員が過半数ぎりぎりになったばかりか、野党側も多党化したため、各党の歩み寄りと合意形成がむづかしくなっていった。また昭和三〇年代の自社両党の理事を中心とする議事運営を突き崩そうとする公明、共産両党の反発も強かった。そのため、国会外の非公式組織として各党が設けていた国会対策委員が相集まって、各党間の話し合いと歩み寄りを協議する国対政治が、特に田中内閣以降急速に国会運営において重要な役割を果たすようになった。

このような各党国会対策委員の話し合いは、国会の定める公式のものではないから、いつ、どこで開かれ、何が論ぜられたかも明らかではない。しかし、このような国民の目に見えない水面下で行われる各党国会対策委員の話し合いは、単に議事の運営のみにとどまらず、個々の法案についても修正や成立をめぐり、また不成立の場合も継続審議か廃案かといった点について、その国会における他の法案の審議をにらみながら全体的見地から妥協や取引がなされ、国対政治が国会運営の死命を制するようになった。しかも各法案はしばしば各委員会に上程される前段階において各党国会対策委員間での交渉結果に基づいて、賛否や修正についての態度が党執行部で定められ、委員に党議拘束がかけられるため、国会における審議は時には国対の敷いたレールの上を脚本に従って走る単なるパフォーマンスといった性格をすらしめすようになってきた。国対政治は国会審議を形骸化させ、国会を単なる法案処理機関に堕せしめたといってもよい。

このような国民の目の届かないところで行われる国対政治における妥協や取引が与野党のなれ合いやもたれ合いの温床ともなり、国民に政治をわかりにくいものとし、不明朗な国会審議が国民の失望と無関心を高める結果となっている。国対政治もまた国民の政治不信を増幅する弊害の最たるもののひとつだということができよう。

二　選挙制度と一票の格差

選挙制度改革にまつわる党派性

国民の高まる政治不信や議会政治の危機の原因を探っていくと、いずれも現行中選挙区制と深くかかわっていることがわかる。制度さえ変えれば改革が実現すると考える制度信仰のオプティシズムは捨てなければならないが、病弊の真因が制度と構造的にかかわっているならば、制度を変えない限り改革は不可能である。いくたびか政治スキャンダルで世論の厳しい批判の矢面に立ちながら再選され、みそぎがすんだと嘯《うそぶ》いてきた領袖が、なりふり構わず選挙制度の改革つぶしに走るのは、現行中選挙区制が続くかぎり選挙区に強力に組織された後援会が存在すれば、必ず再選されることを知っているからに外ならない。政治改革を実現するには現行中選挙区制の改革は避けて通れない。しかし、どのような選挙制度をとるかによって、選ばれる代表の性格や政党の勢力配置は全く異なってくる。選挙制度の改革は単に個々の政治家や政党のみならず、国民にとっても将来の政治的運命を左右する重要な問題である。選挙制度の改革は国の運命にかかわる問題であり、それ故に選挙制度改革は優れて党派性のつきまとう問題でもある(2)。

選挙制度の改革は容易に国会で各党の合意をえられるものではないし、国民が求めているのは政治腐敗の除去にあるのだから、この際選挙制度の問題は切り離して、まず政治腐敗の除去から先に手をつけるべきだという議論がある。しかし、この議論の背景には、しばしば予想される選挙制度の改革が、自分自身あるいは自分の所属する政党、さらには心情的にコミットしている特定の政治勢力に不利になることから選挙制度の改革に反対であることが時にはあからさまな、時にはかくされた理由となっていることが多い。同様に政権交代の可能性のある選挙制度改革を実現しなければならないという議論の中にも、これまで政権をとってきた自民党が構造的に過半数を制しえなくなり、政権を失わざるをえない、あるいはひとたび政権を失うと、自民党といわず、いわゆる保守陣営が再び政権の座に復帰しがたいことを狙った制度改革が提案されることも少なくない。

選挙制度改革の議論には、自分自身のもつ党派性に対する厳しい自己抑制と禁欲が何よりも要求される。

政治参加の権利と一票の重み

選挙制度を論ずる場合、その前提としてまず検討しなければならぬ問題は一票の格差についてである。どのような選挙制度をとるかは、いわばルールの問題であって、そこではその選挙で何を選ぼうとしているかという目的に照らして、それに最も合理的で公正な制度が選択されればよい。しかし、各選挙区における代表一人に対する人口比の格差、いわゆる一票の格差は国民が等しく行使できる政治参加の機会を保障する民主主義の根幹にかかわる問題である。国民のもつ一票はどの国民の一票も基本的に等価値でなければならない。

一票の格差に対して、都市の住民は多様な社会集団に重層的に加入しており、自分たちの利益を維持し拡大するさまざまな手段をもっている、しかし農村部特に過疎地の住民は、もともと加入できる集団の数も限られており、自分たちの利益を維持、拡大する十分な手段をもっていない、従って代表の配分は農村部に厚く配分されて然るべきだ、という議論がある。しかし、この議論には本来地方自治に任せられるべき行政対象すら中央省庁の手によって行われている、わが国の中央集権的行政構造を前提とした国政と地方行政の混同がある。すべての国民が等しくもつ政治参加の基本的権利に、どの地域に居住するかによって軽重をつけることは許されまい。過疎地の住民に代表数の配分を厚くすることによって過疎対策を進めるというが、過疎対策は国の公共政策の一部にすぎない。国の外交政策や文教政策の決定にも過疎地の住民の発言権を特に重くする合理的理由はないし、過疎対策といえども、その費用の負担は都市の住民も含めて国民全体が負うものであることを見落としてはならない。その上、現実には過疎地の住民は農業関係団体や地縁的組織に強力に組織されている。むしろ問題は大都市の住民が消費者としてほとんど未組織の状態におかれていることの方にある。

一票の格差について最も厳格なのは米国である。米国は連邦国家であるので連邦議会の上院は各州同数の代表を選出し、下院はすべての州および首府ワシントンに人口と関係なく各一議席づつを配分した上で、残余の議席を人口比に応じて各州に配分する。この配分数は一〇年毎に行われる全米の人口調査の結果によって再配分される。問題はその先で、米国は小選挙区制をとっているので、州内を州の定数に応じて小選挙区の再区割りをしなければならないが、代表一人当たりの人口比は限りなく一・〇に近づくことが求められている。区割りは州に任されているが、裁判所が州の行った区割りを違憲と判断した場合、一定期間内に州が是正しないと裁判所自体が直接乗りだして暫定的に区割りの再配分を行うこともあるので、最近では定数の再配分が決まると、州議会によってただちに再区割りがなされる。一九八三年の連邦最高裁判決（Kracher 対 Dagget 事件）で、州の全選挙区における平均人口から各選挙区の人口の偏差が生ずることが許されるのは、絶対的平等を達成する努力をしてもなお回避しがたいか、それをやむをえないものとして正当化できる限定的な場合のみであるとして、ニュージャージ州の行った再区割りの偏差〇・六九八四％を違憲とした。

英国やドイツでは米国ほど厳しくはないが、いずれの選挙区も基本的には一票の格差は一対二未満に抑えられている。もっとも英国の本土、いわゆる大ブリテン国はイングランド、ウェールズ、スコットランド、北アイルランドの四つ地域からなっており下院の各地域の議席数は憲法で定められている。従って一票の格差は各地域内のことであって地域相互の格差は問題とされていない。英国の再区割りは下院議長を委員長とし、上記四地域にそれぞれ設けられる第三者機関である選挙区割委員会が行うが、地方自治体の境界や地方議員の選挙区割りを尊重しながら、それぞれ地域の代表一人当たりの平均有権者数に近づけるよう再区割りをなすこととされ、やむをえない場合のみ例外が認められている。イングランドの場合、例外区ひとつを除いては格差一対二の範囲に抑えられ、イングランド全体では一票の格差一対二・〇五、最も格差の大きいスコットランドで一対一・五八、最も格差の少ない北アイルランドでは一対一・二七となっている。ただし、区割委員会の報告が常に議会で受け入れられ、直ちに実行されるわけではない。第二次世界大戦後三回報告がなされたが、第二回目の報告は時の労働党内閣の議会において受け入れられず、総選挙の結果、保守党内閣が成立したのち、この答申が受け入れられ実行された。

ドイツは小選挙区比例代表併用制をとっているが、ドイツも連邦国家であるので小選挙区の区割りは邦ごとに行われる。ドイツの場合も区割りは連邦選挙法にもとづいて常設機関として設置されている第三者機関である区割委員会で行われ、各選挙区の人口とドイツ全選挙区の平均人口の偏差が上下二五％を越えないようにしなければならず、偏差が上下三三％三分の一を越えた時は再区割りをすることを定めている。区割りについては選挙区がまとまりのあるひとつ地域をなすべきことと、市、町、村、郡、特別市の境界をできるだけ遵守することを定めている。旧西ドイツ時代、選挙区区画委員会は一九六二年から一九八八年まで九回勧告を行い、このうち六回は邦間の定数増減を提案していたが、邦間の定数増減の勧告が立法化され、実施されたのは一九六二年と七八年の二回のみで、しかも勧告通りに完全実施されたのは七八年だけである。一九八八年の勧告についてみると格差は一対一・九となっている。ただし、邦によって例外的に一対二を越える選挙区が存在しないわけではない。

第八次選挙制度審議会の小選挙区割りと一票の格差

わが国においては、第八次選挙制度審議会は衆議院議員の選挙制度に小選挙区比例代表並立制を採用し、小選挙区における一票の格差は、少なくとももどの国民の一票の重みも、他の国民の一票の重みの二倍以上であったり半分以下であったりしてはならないという見地から、一対二未満に抑えることを基本とすべきことを答申した[3]。また小選挙区の定数は三〇〇とされ、厳密な人口比に応じて各都道府県に配分されたが、各選挙区間格差も一対二未満に抑えるとされた。全国でただひとつ定数一になる鳥取県については二名にした方が議員一人当たりの人口の最大格差が縮小することになるため、特例として二名とし、総定数を三〇一とした。私自身この委員会の第一委員会の委員長としてその取りまとめにあったたが、一票の格差の縮小は、委員会全体の強い意向であった。第八次選挙制度審議会の答申を受けて一九九一（平成三）年海部内閣は政治改革三法案を内閣提出法案として国会に提案し、政府案による衆議院議員の選挙区の区割り作業を審議会に諮問した。政府案は審議会の答申と異なり、小選挙区定数を三〇〇とし、あらかじめ各都道府県に一名の定数を配分し、残余の定数を各都道府県間に人口比で配分したものであった。当然一票の格差は答申より拡大する。審議会では政府の諮問に応ずるか否かをめぐって厳しい議論が展開されたが、政治改革自体が実現されれば現状より著しい改善になり、これを拒否することは政治改革を阻止し、現状維持に力を貸すことになり兼ねないという見地から、審議会としては諮問に応ずるべきだという結論に達した(4)。

そこで選挙制度審議会は第一委員会のもとに区割りのためのワーキンググループをつくり、これにあたることになり、私自身もこれに加わることになった。区割りにあたっては、各選挙区の人口格差は一対二未満に抑えることを基本原則とし、全国の議員一人あたり人口の三分の二から三分の四におさめることを基準とすること、また各都道府県内における各選挙区の人口はその都道府県の議員一人あたりの人口の三分の二から三分の四の範囲におさまるよう作業をすすめることとされた。また区割りにあたっては市区町村および郡を分割しないこと、現行の中選挙区制の区割りを手掛かりとすることとされたが、第一の原則の当然の帰結として、全国の議員一人あたりの人口の三分の四を越える人口の市区の区域は当然に分割されることとなった。また福井、島根の両県は議員一人あたりの人口が、すでに全国の議員一人あたり人口の三分二以下となっているので、上の原則を照らして例外区の生ずることは不可避であるが、極力努力して例外が少なくなるよう努めた。また、徳島、高知の両県は市、郡単位で選挙区を構成した場合、三選挙区中二選区が、全国の議員一人あたり人口の三分の二を下回ることになるが、徳島では郡を、高知では市を分割することによって、例外区を各一に減らした。この結果、福井で二選挙区、島根、徳島、高知で一選挙区、計六選挙区で例外区が生じ、一票の格差は例外区を除けば、一・九八七倍、例外区を含めれば二・一四六倍となった。

単に行政上のみならず、社会生活の全面でひとつのまとまりを形成している市区町村といった自治体や郡あるいは都道府県の広域行政単位や社会経済的まとまりを尊重しながら選挙区の区割りを行うことは容易なことではない。選挙制度審議会は区割りについての多角的な検討を重ね異常な努力の結果ようやく成案をうるにいたったものである。確かに小選挙区制の区割りは容易ではない。これに対して比例代表制はこの種の作業を全く必要としない。この点をあげて比例代表制の採用を説く意見があるが、どのような選挙制度をとるかはその国の政治システムや代表選出に付与されている機能によって異なってくる。選挙制度の選択を厄介な区割りの必然性の有無といった技術的な見地から決定することは本末転倒といわなければならない。

三　第八次選挙制度審議会と民間政治臨調の選挙制度改革

議院内閣制における選挙の機能

中選挙区制に代わる選挙制度を考える場合、まず第一に考えなければならないことは、わが国が議院内閣制をとっていることである。大統領制の場合、典型的な型においては行政府の長である大統領は、国民の直接選挙によって選出され、立法府は法案の審議と、それを通じて公共政策の形成に参加する国政審議の場であって、通常、議員は閣僚として入閣し直接行政の責任を負うことはない。これに対して、議院内閣制の場合は、議会における多数派から総理が選出され、総理は主として議員のあいだから閣僚を選出して内閣を組織し、行政の最高責任者として国の行政を取りしきり、議会に対して責任を負う。従って、議院内閣制のもとにおいては、有権者は選挙において政策、人物の両面から国民の代表を選ぶと同時に、その候補者の所属政党をも併せて選択することを通じて、政権担当政党を選択するという機能も果たすことになる。これが議院内閣制のもとにおける議会の第一院の選挙と大統領制のもとにおける議会の第一院の選挙の根本的に異なる点である。

従って、議院内閣制のもとにおける選挙制度を考える場合、その選挙制度は第一に選挙に際し、前政権に対する国民の評価、審判が選挙結果に敏感に反映し、議会を通じて国民が内閣の政治責任を問いうるものでなければならない。いいかえれば、選挙結果によって政権交代の可能性を保障される制度でなければならない。中選挙区制のもとでは、どんなに国民の批判が高まっても、選挙結果にみられる議席の変動幅が少なく、政権交代は自民党結成以来三八年間とうとう起こらなかった。政権交代という点では中選挙区制は決して望ましい制度とはいえない。たしかに中選挙区制のもとでも政権交代が生じないわけではない。第二次大戦後の一九四七（昭和二二）年、中選挙区制を導入した最初の選挙で社会、民主、国協党の連立政権片山内閣が成立して以来、現行中選挙区制のもとでも三回政権交代がおこった。第一回目は、片山内閣に続く同じ三党の連立政権、芦田内閣が昭電疑獄で総辞職し、自由党の吉田内閣に政権が移った例であり、第二回目は、一九五四（昭和二九）年、自由党から分裂した鳩山派と改進党、日本自由党が合同して日本民主党が結成され、少数派に転落した吉田自由党内閣が総辞職し、鳩山民主党内閣が成立した例であり、第三回目は翌一九五五（昭和三〇）年、保守合同の結果、自由党と民主党が合同し、鳩山自由民主党内閣へと政権が交代した例である。但し、三回とも総選挙の結果生じた政権交代ではない。総選挙による政権交代はこの五〇年間とうとう生じなかった。

第二に議院内閣制のもとにおける選挙制度は、総選挙の結果、議会に安定した多数派が構成されることが望ましい。これは必ずしも単独政権のみを念頭においているわけではない。例え連立政権であっても、連立を組む政党間の政策協定が確固たるものであり、政党間の協力関係が安定している限りこれを排除する理由はない。

第三に社会の多元化、集団利害をめぐる社会的亀裂の錯綜という現実のもとで、少数派に対しても、代表選出の機会を保障し、多様な民意を国政の審議に反映し、公共政策の形成にこれを集約できる制度でなければならない。

小選挙区制と比例代表制

政権交代が生じやすく、なおかつ安定政権が成立しやすい選挙制度としては、小選挙区制を挙げることができる。小選挙区制は一九世紀の思想家バジョット[5]（Walter Bagehot）以来多くの学者によって支持されてきた。小選挙区制は、民意を正確に反映しないという議論があるが、これは代表の性格をどう考えるかということにかかっている。小選挙区制論者に共通する代表観は、代表という以上は、少なくともその選挙区において有権者に最も多くの支持を得た者が民意の代表であるという単純明快な発想である。現行中選挙区制にあてはめてみれば、例えば五人区で、有効投票のわずか六分の一の支持しか得られないで当選した候補者が、どうして国民の代表といえるかという発想である。一九九二（平成四）年の参議院選挙において、選挙区選挙で代表一名を選出する事実上小選挙区制をとる二六県のうち二四県で自民党がすべて当選したが、このうち、二県を除いては、何れも有効投票総数の過半数の票を得ている。しかも、これらの県における比例選挙での自民党の得票率は、宮城県の三四．五%を最小に、最大でも石川県の四九・〇%で過半数に達している県はひとつもない。すなわち、小選挙区制で当選するためには、所属政党の支持票のみならず、他の政党の支持者や無党派層の幅広い支持を獲得しなければ当選できないことをしめしている。いいかえれば、小選挙区制は選挙区で最も広く多様な民意の集約に成功した者が当選を勝ちうるシステムだということができよう。しばしば小選挙区制では死票が多いという批判を受けている。しかし、海外の文献には、wasted vote（無駄になった票）といった記述がみられないわけではないが、死票という用語は見当たらない。それは僅差で落選したという事実は、批判票として当選した議員を絶えずおびやかし、在任中、これら批判の吸収に失敗し、十分な業績をあげなければ、次の選挙で当落が入れ代わるという可能性を秘めているからである。その意味では、落選候補に投じた票は死票ではない。小選挙区制は単に選挙の当日のみならず日々有権者が主権者としてのその政治的意見を国政に反映させることを保障する制度だということができる。小選挙区制のもとでは、選挙は候補者の選択であると同時に、その候補者の所属する政党とその掲げる政策の選択でもある。いいかえれば、選挙区の候補者の中から代表を選択すると同時に、政党と政策を選択することを通じて、有権者は議会で多数党の党首が内閣を組閣するという意味で総理の選択をその手中にしている。小選挙区においては、現職議員の支持率の低下は、多くの場合そのままライバル候補の得票率の増加に通じる。政権政党の候補者の得票率の減少は、反対党の得票率の増加、すなわち政権政党の交代をもたらすことが多い。その意味では、小選挙区制は政権交代をもたらしやすい機能をもっている。

但し、小選挙区制のもとにおける失政に対する国民の審判は、極めて苛酷である。一九八九（平成元）年の参院選において、自民党は二六県の一人区のうち三県を残してすべて敗退した。八六（昭和六一）年の参院選では二三議席を獲得していたことから、二三議席から一気に三議席に転落した訳である。九二年参院選では、これがまた二四議席に回復した。この意味では、小選挙区制は議席の激変が生じやすいという性格をもっている。小選挙区制は政権交代の機能を保障し、安定政権をつくりやすいという点では優れた選挙制度である。しかし、選挙区では少数派であるが、広域にみればかなりの勢力に達する社会的勢力の利害が、選挙区で選出される代表によって集約されないまま残るという問題が生ずる。このような少数意見の尊重という見地からトーマス・ヘア（Thomas Hare）の比例代表制を擁護したのが、ジョン・スチュアート・ミル（John Stuart Mill）である[6]。

今日、わが国において比例代表制は死票の少ない、有権者の意見の分布が可能な限り総選挙の結果に反映できる選挙制度として、その導入が主張されている。比例代表制は有権者の政党支持の分布を鏡のように正確に議会における議席の構成に反映させることを目的としている。もっとも、多様な利害の反映といっても、棄権者の代表は無視されざるをえない。その分の歪みが生ずることはやむを得ない。しかし、今日のように、大都市において投票率が六割を割り、五割に近づく、あるいは、地方選挙等や補欠選挙で投票率が三割台というケースが珍しくない時代には、膨大な棄権者の存在は、比例代表制のひとつの泣きどころとなる。

しかし、比例代表制の抱える最大の問題は、代表が有権者の利害を集約して当選するというよりも、むしろ利害の対立を先鋭化させることによって当選するという点にある。例えば、全国一区で定数二〇〇の完全比例代表制であると、二〇一で割った〇・四九％以上の強力な組織票があると一人の代表を送ることができる。投票率を六〇％とすると有権者九〇〇〇万のうち、二七万前後の強力な組織があれば一議席獲得できる。そこで少数の、しかし強力に組織された圧力団体の特殊利益の擁護や拡大を訴えて、組織内候補として、組織票をバックに当選してくる代表がふえてくる。また政治とは全く異なる社会活動の分野で全国的知名度を獲得した芸能界やスポーツ界のスターもその人気に依存して浮動票を集めて当選してくる。こうなると、議会における多党化は避けがたい。単独で安定過半数を獲得できる政党は現実には稀になってくる。また、圧力団体の組織内候補は、支持組織の利害に少しでも反する妥協を行うならば、厳しい組織の批判を蒙り、次回の選挙に際し、再選どころか引き続き候補者の地位を保つこと自体がひじょうに困難になる。ここから、代表と有権者の関係は、弁護士と依頼人の関係にも似たものとなる。フランス革命に際し、一七八九年フランス国民議会が「命令委任に関する国民議会の宣言」によって廃止し、今日多くのヨーロッパ諸国の憲法が明文をもって禁止している中世の命令委任の事実上の復活をみることにもなりかねない。さらに、多党化が恒常化するので、議院内閣制のもとにおける選挙のもつ機能のうち政権担当政党、即ち総理の選任を有権者の手に委ねるという機能は望みえないことになる。政権担当政党の選択は、議会における政党間の交渉に白紙委任することになる。少数勢力に代表選出の機会を保障するという点で、比例代表制のメリットは大きいが、あのフランス革命以来確立された国民代表の理念を否定し、命令委任を復活させること、総理と政権政党の選択を、国民の手から奪い政党間の合従連衡に委ねる結果になるというデメリットは否定しがたい。

そこで、小選挙区制に工夫を加え、あるいは小選挙区制と比例代表制を組み合わせ、双方の利点を生かそうとするさまざまな選挙制度が政治改革の一環として、各機関や与野党等によって検討され、提案されている。第八次選挙制度審議会における選挙制度の検討とその答申(7)、与野党各党の提案、政治改革推進協議会いわゆる民間政治臨調の提案(8)などがその代表例である。

第八次選挙制度審議会答申と小選挙区比例代表並立制

第八次選挙制度審議会は議論を重ねた後、中選挙区制に代わる選挙制度として小選挙区比例代表並立制を答申した。議論は現行中選挙区制の問題点の指摘から始まって、これに代わるものとしてフランス式小選挙区二回投票制、オーストラリア式小選挙区優先投票制、都道府県別比例代表制、小選挙区比例代表併用制、小選挙区比例代表並立制について密度の濃い検討がなされた。

フランス式小選挙区二回投票制では、第一回投票で有効投票の過半数を得、かつ有権者の四分の一を越えているものを当選とする。この条件を満たすものがいない時は有効投票の五％以上を占めたものを有資格者として、一週後に第二回投票を行い、単純相対多数で当選を決める。そこで各政党は第一回の票の出方をにらみながら、一週間の間に各党間で候補者の調整を行い、しばしば二、三位連合が形成される。この制度は構造的に二、三位連合の形成を促進するという点に多くの委員の批判が集中した。

オーストラリア式小選挙区優先順位投票制とは、投票に際し、投票用紙に記載されている全候補者の名前に、候補者を支持する順序に従って番号を記入する。開票の結果、第一位にマークされた票だけで過半数を得た候補者がいれば当選とするが、過半数を得たものがいない時は、第一位にマークされた得票が最下位の候補者の全得票を第二位にマークされた候補者に配分する。この新たな票を加えてもなお過半数に達したものがいない時には、第一位にマークされた得票が下から二番目の候補者を落選とし、その票を同様に第二位にマークされた候補者に配分してやる。このような手続きを繰り返して新たに配分された得票を加えて、最初に過半数に達したものを当選とする。このオーストラリア方式は、この方式に強い関心を示した委員のあったこともあって、審議会で熱心に討議された。だが、第一位にマークされた得票で過半数に達しなかったものの、最上位であった候補者が必ずしも当選せず、もっと下位の候補者が第二位以下にマークされた得票を加えて当選する場合があること、その小選挙区の立候補者が数名の場合ならともかく、到底当選の可能性のない候補者が何名も存在する場合、第一位にマークされた得票が最下位の候補者から順に、第二位にマークされた候補者にその票を配分するのが果たして合理的か、といった点に議論が集中した。

いうまでもなく、小選挙区比例代表併用制と並立制については、委員会で時間をかけて極めて慎重に討議が重ねられた。小選挙区比例代表併用制は基本的には比例代表制であって、名簿式比例代表制の場合にとかく生じがちな、有権者と候補者が疎遠になるという弊害を多少なりとも是正しようという目的で、いわゆる顔の見える選挙として、各党の議席配分をまず小選挙区での当選者から優先的に充足しようと工夫されたものである。この方式は第二次大戦後西ドイツで採用され、東西ドイツ統一後もこの方式が用いられている。審議会では、併用制はまず第一に基本的には比例代表制であるので、多党化が進んで政権が不安定になるのではないかという点について討議された。第二にこの制度を採用している西ドイツは当時まだ統一前であったが、連邦全体の政党得票が有効投票数の五％に満たない政党および小選挙区で三人以上の当選人を出していない政党には議席を配分しないという阻止条項を定めているが、すべての国民に等しく政治参加の権利を認めるという民主主義の原則に照らして、またわが国の憲法の条項に照らしても阻止条項を設けることが適当かどうかという点について議論された。

さらに第三に、併用制は全国あるいはブロック、都道府県のいずれを単位とするかは別として、まず政党投票で各党の配分議席を定め、次に小選挙区での当選者数が配分議席数に達しない場合、その不足分を比例名簿から補充するという方式をとる。ただし小選挙区での当選者数がその政党の配分議席を越える場合はその超過分も議席として認める。これが超過議席で、従って議員定数は超過議席分だけ増減するので一定しない。果たしてそれでよいのかという点について討議された。

私見であるが、小選挙区制反対論者の中には、小選挙区制を採用した場合、自民党は四割の得票率で議席の八割を独占するとの主張がある。仮にこの議論が正しいとすれば併用制で小選挙区選出議員と比例名簿選出議員の比率を六対四にすると、場合によっては三桁に近い超過議席が発生することになりかねない。なお、併用制をよしとする論者の中に、小選挙区と比例区の比率につき、小選挙区を少なく、比例区を多くし、逆転させて四対六にすべきだという主張もある。しかし、小選挙区に対する比例区の比率を五対五以上にした場合、もし小選挙区と比例区の重複立候補を認めるとすると、小選挙区の次点者は、所属政党が議席配分を受けられないほど小党でない限り比例区で当選し、事実上小選挙区は二人区とほとんど変わらない結果になるおそれがある。

私自身の考えでは、併用制の最大の問題点は、原理的には比例代表制であるので、中選挙区制の場合と同様、併用制のもとでは選挙の結果によってほとんど政権交代がおこらない点にある。その上、かなり高い阻止条項を設けない限り、多党化は避けられない。併用制のもとではひとつの政党が単独で過半数をとることは難しい。そこで連立政権が常態化することになるが、問題は第三党以下の政党が第一党と第二党の間にあってキャスティング・ヴォートを握る結果になりかねないことである。そのため、キャスティング・ヴォートを握った政党は政権の死命を決することにより、得票率に比して政権内部で過大な発言権をもつことになる。その政党の支持者の意向が議会で過剰に代表されることは避けられない。通常、このキャスティング・ヴォートを握る政党はイデオロギーや政策において第一党と第二党の中間に位置するから、左右両翼のバランサーになり、政権交代の場合の激変を緩和するという主張もあるが、連立政権の生殺与奪の権をにぎることにより、連立政権の第一党に過大な要求を飲ませ、選挙の結果ではなく連立政権内部の意思不統一が政権交代の引き金になる弊害も大きいことを知るべきである。

審議会の意見が小選挙区を主とし、比例区を従とする小選挙区比例代表制にまとまったのは、小選挙区が政権交代の可能性があるばかりか安定政権が成立しやすい選挙制度であり、比例選挙において小選挙区選挙にはなじみ難い少数派の代表選出を保障し、少数派の利害を国政の審議に反映させようとしてのことであった。小選挙区を主とするという見地から、小選挙区と比例区の比率は六対四とされた。なお、当初定数は五〇〇、小選挙区三〇〇、比例区二〇〇とされたが、先述のように一票の格差を少しでも縮めようという理由で鳥取県を特例としたため、定数五〇一、小選挙区三〇一、比例区二〇〇となった。

比例区は政党名を記載した名簿式投票とし、小選挙区と比例区の重複区候補を認めることとした。ただその選挙区の広さについては全国区を一区とすると、どうしても政党名簿の上位登載者は全国的に知名度の高いタレント性の強い候補者の名前が並びがちである。上位候補者の人気に頼って議席配分を増やそうとする動きがでてくる。また、定数二〇〇ということは先述のように理論上〇・四九パーセント以上の得票があれば、名簿登載者最上位一名の当選が可能になる。少数だが強力な組織の支援がある候補者や全国的人気のあるスポーツ選手や芸能界のタレントは当選可能になる。そこで浮わついた人気や戦闘的組織集団の運動が選挙結果に与える影響を緩和するために、全国をブロックに分ける案について検討し、一一ブロック案を採用することにした。選挙管理上の困難が予想されるにも拘らず、都道府県をとらなかったのは、人口の少ない県では第三党以下の議席の獲得がかなりむつかしいこと、すでに国民生活は多くの面で従来の都道府県の枠をこえて拡まっているにも拘らず、現行都道府県が固定化され、将来時代の進展に見合った都道府県の統合再編の見直しの阻げにならないようにとの配慮のためであった。

小選挙区比例代表制については、政党や言論界の一部から、小選挙区部分で自民党が圧倒的に有利になるという批判が加えられた(9)。確かに審議会の答申した小選挙区の区割りをもとにして、選挙区ごとに各市町村の各政党支持の和をだしてみると、例えば一九九〇（平成二）年総選挙については、ほとんどの選挙区で自民党所属候補者の得票率が他党を引き離している。しかし自民党が大敗した八九年参院選の比例選挙における各党支持率をみると、市部中心の選挙区では自民党の得票率は決して一番ではない。総選挙における自民党の得票率は中選挙区制のもとで複数の候補者が互いに競り合い、それぞれの票をとことん掘り起こした結果であって、小選挙区で候補者は各党一名という場合と同一には論じがたい。また中選挙区制のもとで野党が複数重複立候補しているところでは、野党共闘をくむことは必ずしも容易ではないが、小選挙区のもとで、野党各党が重複立候補していてはまず勝ち目がないから、構造的に共闘の成立を誘導する力が働く。参議院比例代表選挙の各党の得票率を単純に加算すると自民党の勝った直近の九二年参院選を例にとると、自民党の得票率三三・二九％に対し、社会党、公明党、民社党、社民連の得票率の和は三八・四五％、日本新党の得票率が八・〇六％である。日本新党がキャスティング・ヴォート握っていることになる。

小選挙区のもとでは、所属政党の票だけではだめで、中間層の激しい喰い合いにせり勝たなければ当選はむつかしいが、参院比例選挙の各党得票率をみる限り、もし非自民各党が共闘を組むことが成功すれば、自民・非自民互角の戦いを展開することが可能であり、両陣営の何れが日本新党を取り込むかによって、勝敗がきまるといってもよい。野党共闘は事実上ありえないという前提に立って並立制の小選挙区部分が自民党に圧倒的に有利であると批判することは必ずしも当をえない。

民間政治臨調の小選挙区比例代表連用制

一九九二（平成四）年政治改革三法案が廃案となり、海部内閣が倒れた後、政治改革の必要性を自覚する与野党の議員、自治体の首長にも呼びかけて、学界、言論界、経済界、労働界の民間有志の手で政治改革推進の民間運動をおこそうということで、政治改革推進協議会いわゆる民間政治臨調が結成された。この民間政治臨調は政治改革をすすめる上で、総論として①政治改革の理念および新しい政治のあり方、各論として、②選挙制度および政治資金制度の改革、③国会改革、④行政改革および地方改革の四つの委員会を設け、研究と民間運動の展開をすすめることになった。私自身この第二委員会の委員長としてさらに望ましい選挙制度改革と政治資金制度改革、公的助成、政治倫理、腐敗防止法について委員各位と検討を重ね、その結果の取りまとめにあたった。この委員会で広く選挙制度の専門的調査研究にあたってきた学識経験者の教示もえてまとめたのが、小選挙区比例代表連用制「民間臨調方式」である。

　第八次選挙制度審議会の答申した並立制については、言論界や野党各党のあいだで、野党の小選挙区での議席の獲得がむつかしく、特に第三党以下の小党については比例区だけでは、現状の議席数に見合う議席の獲得は期待できないので、全体としての議席減は避けられず、党の存在自体が危機に瀕するのではないかという懸念がある一方、言論界、経済界、自民党の一部には社会党、公明党の提案している小選挙区比例代表併用案、西ドイツ方式については小党分立が不可避となり、不安定な連立政権が常態化するのではないかという懸念が表明されていた。またかなりの数に達すると予想される超過議席についての懸念も大きかった。

　そこで現状の政党勢力配置の激変と現存する政党の存在を危機にさらすことを避けながら、多様な民意の表明と合わせて政権交代の可能性と安定政権の成立を保障する選挙制度を検討した結果、到達した結論がこの連用制である。連用制は英国において、小選挙区制のもとで第三党以下の政治勢力はかなりの支持勢力があるにも拘らず、選挙でその勢力に見合った議席が獲得できないという批判を踏まえて、英国のハンサード協会が検討した改革案のひとつに示唆されたものであるが、同様な考え方は第二次から第六次に至る選挙制度審議会においても継続して検討されてきた。

連用制の基本原理は併用制と同じで比例代表制の一種である。ただし、超過議席が出ないように工夫されている。この連用制は定数五〇〇、小選挙区三〇〇、比例代表二〇〇とし、定数五〇〇を各都道府県に配分し、これを小選挙区定数と都道府県単位の比例区の定数にわける。都道府県への定数配分と小選挙区の区割りは第三者機関に委ねる。二票制で第一票は小選挙区、第二票は比例区での政党名簿投票とし、小選挙区と政党名簿への重複立候補と比例区における政党名簿投票については政党間の名簿結合を認める。当選人の決定はまず第二票で各党の得票数を比較し、いわゆる最大平均法、ドント式で議席当たりの平均得票数が大きい順に各党に議席を配分していく。ただし、この場合すでに小選挙区で議席を獲得している政党については、その次の議席はその議席あたりの平均得票数が最大になるまで配分は受けられない。

具体的には各党の得票数を比較し、各党の小選挙区での獲得議席数（n）プラス1からはじめてn+2、n+3……という整数で割り、その値の大きい順に各党に議席を配分していく。この方式でやると第二票で配分された議席数を上回る議席を小選挙区でえた政党が生じた場合、その都道府県の定数のうち最下位からその超過分にあたる議席数だけ、数値の関係でどの政党になるかわからないが議席当たりの平均得票数の少ない政党が議席の配分を受けられないことになる。小選挙区で配分議席以上に当選人をだした政党がない場合は、併用制で超過議席のでなかった場合と全く同数になる。

名簿結合とは、複数の政党が名簿結合の届け出をすると、あたかもひとつの政党のように結合した各党の得票を加えて議席の配分を受けることができるというものである。一党では得票が最初のあるいは次の議席の配分を受けられるだけの得票数に達しない場合でも、名簿結合をすると議席の配分がうけられる場合があるからである。ただし、名簿結合した結果、結合した政党のトータルの議席が数値如何では、かえって減ってしまう場合があるので、この場合は名簿結合がなかったものと扱われる。名簿結合によって獲得した議席数の各党への配分はドント式で行われる。名簿結合を都道府県単位で認めると小政党間の安易な野合が生ずるのではないかとの批判がある。しかし、名簿結合をした政党は、当然選挙戦中にこれを明らかにして運動をすすめるから、各党の支持者が納得するものでなくてはならないし、最終議席が何れの政党に配分されるかは、各党およびその全体得票数によって決まるから、最終議席が結合したどの政党に配分されても不満が生じないほどに、政党間に相互信頼がなければ名簿結合は行えない。従って無原則な名簿結合の生ずる恐れは少ないと思われる。

一九九三（平成五）年の通常国会における衆議院政治改革特別委員会で社会、公明、民社、社民連の各党は自民党に対し、連用制を与野党間の歩みよりのための妥協案として討議することを提案したが、宮沢内閣の不信任案が通過成立し衆議院が解散されたため、日の目を見ることなく終った。

四　政治資金の規正と公的助成

政治家による株のインサイダー取引と政治資金パーティー

選挙制度を改めたからといって、それだけで選挙に金がかからなくなるとは思えない。どのような選挙制度でも金をかけようと思えばいくらでもかけることができる。特に、小選挙区制は選挙区が小さいだけに金をかければかけるほど効果も大きいだろう。この点、比例代表制は政党中心の選挙になるから、あまり金はかかるまいという議論がある。しかし、参議院の比例選挙にみられるように、自民党は候補者名簿の登載順位の決定にあたり、党員獲得数を基準のひとつとすることによって、候補者に党員獲得を競わせ、候補者に党費の立替を余儀なくさせ、見事に金のかかる選挙システムをつくりあげてしまった。しかし、小選挙区制も比例代表制と同様、政党中心の選挙運動を展開することができる。例えば、英国では選挙運動はそれぞれの選挙区にある政党支部が主体となり、政治資金も党によって賄われ、候補者個人はほとんど金を使わないで済んでいる。政治資金の規正を進めれば、小選挙区制のもとでは金のかからぬ政治を実現することも不可能ではない。

しかし、中選挙区制の場合、第一節で論じたように金のかかる選挙は不可避であり、政治資金の規正をすればするほど、無理な金集めと政治腐敗が生じるという構造的要因が存在している。政治資金の規正は、一方では総量規制、他方では透明化を図ることによって進められる。一九七五（昭和五〇）年、三木内閣の手によって行われた政治資金規正法の改正は政治資金の規正という点ではひとつの前進をしめすものであった。しかし、この改正は政治資金の入りについては厳しく規正していたが、出についての罰則規定が尻抜けで、結果として政治献金以外の政治資金の調達ルートを開拓させることとなり、政治資金の総量の規正についても必ずしも実効性をあげることができなかった。この新しい政治資金の調達ルートの代表が、政治資金の株式による運用と政治資金集めのパーティーである。

オイルショック以降、いわゆるバブル経済がはじけるまで、わが国においては株価の高騰が続き、主として自民党の国会議員にとっては、株式の取引による収益は最も重要な政治資金の調達源になっていた。しかも、株式の取引による政治資金の調達は政治家にとっては、よしインサイダー取引の結果であろうとも、あたかも自力で稼いだ資金のような印象を与え、政治献金にみられるような義理の伴わない点で重宝な資金とみなされてきたが、その手段の非公正さとともに、政治資金規正法の総量規正を骨抜きにするものとして批判を免れることはできない。

経済の国際化に伴い、いわゆるインサイダー取引に対する厳しい規正が米国や欧州諸国からわが国に求められるようになってきた。例えば常任委員会である商工委員会の理事ということになれば、時には特定の企業自体よりも速く、その企業の収益の増減に関わる重要な情報に接しうるし、各常任委員会に属する同僚の議員との間の情報交換によって、それぞれの企業にかかわる国の政策や企業の内部情報を知りうる立場にある。世界大恐慌以来、米国では通常の大衆株主がアクセスしえない情報を利用して、株式取引を行うことをインサイダー取引として厳しく規制してきた。このような観点からすれば、国会議員の株式取引は、ほとんどがインサイダー取引の範疇《はんちゅう》に入ってしまうだろう。政治家は在職中、所有株式をすべて信託銀行に寄託し、運用をまかせるなどの措置は、政治腐敗を防止するためにも必要であろう。

政治資金パーティーは、三木改革の結果、急速にわが国の政界にも広がった。元来、米国においては、政治家やその候補者が選挙においてディッシュ・パーティーと称し、軽食をつまみながら支持者を集めて意見交換をし、有権者の意見を吸い上げ、あるいは候補者の政見を披露し、支持を求め、政治資金のカンパに相当する程度の金額をパーティー会費として支払うものである。数多くの有権者から少額の政治資金を集めるというこの米国の政治資金パーティーは、近代的な政治資金集めの方式として、三木内閣の当時、政治の近代化を進めるものとして大いに推奨された。

しかし日本では、この政治資金パーティーはまたたく間に大量の政治資金調達の手段に転化していった。政治資金パーティーは、多くは選挙区ではなく、東京や大阪、名古屋等の大都市で行われる。会場は、一流ホテルの宴会場に設定され、一枚三万円から五万円くらいの高額なパーティー券が時には官公庁等を仲介として業界団体や企業に大量に割り当てられ、購入を求められる。パーティー券の発行数は、会場の収容人数の数倍に達するのが例である。企業は多くの場合、その企業の年間可能な政治献金の枠は使い切っているので、それとは別立として、購入、処理せざるをえない。政治資金パーティーは時には励ます会、時には出版記念会といった名目で個々の候補者から派閥に至るまで、さまざまなレベルで重要な政治資金の調達手段として開催される。その上パーティー券の売り上げから必要経費を引いたものは政治献金ではなく政党、派閥あるいは政治家の政治団体の事業収入として処理されている。ここでもまた政治資金の総量規正が骨抜きになっている。

政治資金の透明化を阻む保有金制度と政治献金の分割処理

政治資金の透明化もまた、政治資金の総量規制と並んで規正の重要な柱である。現行規正法は、当初、政治家としての公的活動に伴う資金の流れと政治家の家計を峻別するために、政治家に政治団体の設立を求め、政治資金の授受を政治団体に集中し、政治団体における政治資金の出と入りについての収支報告書の提出を求め、政治資金の透明化をはかろうとした。ところが結局政治家個人にも政治資金の授受を認めざるをえず、これを政治家個人の保有金として処理することとなった。

政治資金の透明化という見地から政治団体の収支報告書における虚偽記載には〔拘禁刑など〕体刑を含む厳しい罰則規定が設けられているが、保有金についてはこれを例外的存在とみるため、特に罰則はない。金丸事件では金丸自民党副総裁が東京佐川急便より受け取った五億円は金丸個人に対する政治献金なので保有金として処理したと主張され、同一の政治家に対する年間政治献金の上限一五〇万円に対する四億九八五〇万円の超過ということで、上限額超過の罰金二五万円を支払ったわけである。一方、類似の事件である金子元新潟県知事が東京佐川急便より三億円の政治献金を受け取った事件については、金子派の政治団体が受け取ったとされ、政治団体の収支報告書にそれが記載されていなかったため、政治資金の透明化に反する虚偽記載として、禁固以下の罰則の適用がある裁判が争われている。

また政治家は、政治資金の授受を、政治団体を通して行うことが原則とされているが、政治家は憲法の保障する結社の自由に基づいて任意に複数の政治団体を設立できるので、それぞれ複数の政治団体を設立し、各政治団体の報告書において、年間一〇〇万円未満の政治献金については、寄付者の氏名を明らかにする必要がない点を利用し、多額の政治献金は何れも一〇〇万円以下に分割し、それぞれの政治団体の政治献金として処理している。政治献金を行う側からいえば、特定の政治家に企業名を明らかにすることなく、政治献金を行うことができるわけである。

政治資金の総量規正と透明化に関し、さらに問題は、政党の行う寄付についてはなんの規定もなく、政治団体の行う寄付についても、会社や労働組合その他の団体の寄付についてのように規模に応じた寄付額の上限が定められていないことである。従って政治家が所属政党から配分される政治資金についてはなんの制限もないし、派閥から配られる政治資金についても一切青天井で、なんの制限も加えられていない。党の中枢を握る派閥の領袖は派閥への政治資金を党への政治献金として処理した上で、党への指定寄付として派閥に分配させ、寄付の上限額を越えて政治資金を集めることも可能になる。政党や派閥を通じて配分される政治資金が金権政治を促進していることは否定できない。

将来目標としての企業献金の禁止と公的助成の導入

政治資金の規正をめぐり、企業献金をどう考えるかがひとつの議論の焦点になっている。企業もひとつの社会的存在であり、国民生活に深くかかわっている。このような企業が企業の社会的責任の一環として、民主主義と議会政治を支える見地から政治献金を行うことは一概には否定できない。しかし、企業献金は特に日本のように、あらゆる企業活動が網の目のように張りめぐらされた中央省庁や自治体の許認可権とかかわりをもち、中央省庁や自治体自体がさまざまな事業の巨大な発注主体であり、しかも受注のためにもさまざまな規制の加えられているような行政構造のもとでは、企業の社会的責任に基づく献金と、企業側のある種の見返りを期待し、あるいは包括的な利益還元のニュアンスをもつ献金、あるいは派閥や政治家の側からする利益誘導の伴う要請に応じての献金との境界はあいまいになりかねない。

企業献金が労働組合や宗教団体の政治資金にならんで政治資金の重要な調達源になっている現実に照らして、直ちにこれを全廃することは不可能だとしても、当面企業献金は経済団体が取りまとめ一括提供されるクリーンな政治献金に限定し、弊害の多い政治家個人はもちろん、政治家の政治団体や派閥への献金は禁止されて然るべきだし、政治資金規正の実があがり、公的助成が導入され、民主主義と議会政治を自ら支えるのだという意識が広く国民各層の間に定着すれば、政治献金はひとりひとりは少額の、しかし多数の有権者の自発的な個人献金に一本化され、政治活動に必要な資金は公的助成と個人献金によって賄われるようにならなければならないであろう。

現行政治資金規正法では主としてひとつの都道府県で活動する政治団体はその都道府県選挙管理委員会に、ふたつ以上の都道府県にわたり主として活動を行う政治団体は自治省に収支報告書を提出することなっている。そのため特定の政治家の収支の全貌を把握するには中央、地方両方の報告書をその政治家のもつすべての政治団体の収支報告書とともにつき合わせなければならないという問題がある。政治資金の収支の透明化をはかるためには、その政治家のもつすべての政治団体の収支を連結決算等により一本化をはかるとともに、自治省と都道府県選挙管理委員会に提出される収支報告書を一本化する必要がある。米国では政治資金の授受は小切手によるべきことが定められている。わが国でも政治団体の政治資金の授受はすべてその政治団体の指定する金融機関を通して行うよう規正することも政治資金の透明化には必要であろう。

今日、民主主義のコストとして必要な政治資金だけ取りだしても、その総量は増大の一途をたどっている。従って政治資金の総量や透明化を厳しく規正すればするほど別途政治資金を供給する道を開かない限り、無理な政治資金の調達に伴う新手の政治腐敗の発生は火をみるより明らかであろう。それを避けるためには政治資金の公的助成の問題を考えなければならない。いうまでもなく公的助成は、政治腐敗の除去および政治資金の規正と連動して進められなければならない。公的助成が上積みとなって政治資金が全体として増額したのでは何にもならない。現にオーストラリアでは、公的助成の導入にもかかわらず、選挙における政治資金は増大しつづけている。

公的助成は、もし、獲得議席数に応じて配分されるならば既成政党に有利で、新党結成や新人の参入を阻止する結果になるとの批判がある。かといって、得票率に基づいて助成を進めるならば、議席をもたない小政党に対しても助成が行われることになり、多党化と泡沫政党の結成を奨励することにもなりかねない。新党の結成を容易にしながらも、一定の歯止めをかけることが必要であろう。

政治腐敗の除去に必要な制裁措置

政治腐敗の除去には、抑制に効果的な制裁措置の確立が必要である。英国の一八八三年の腐敗違法行為防止法は英国における政治腐敗の除去に大きな役割を果たした。これは候補者に対する厳しい連座規定と当選無効による議員としての資格剝奪および一定期間の立候補禁止からなっていた。この腐敗違法行為防止法は腐敗違法行為の行われた選挙区のすべての有権者や候補者に一定期間内における告発の権利を与え、裁判は連日開廷で行われるため迅速に結審をみた。また腐敗行為が認定されれば直接候補者本人の行為でなくとも候補者本人に連座が及び、当選無効が確定すると議員資格を失うとともに、一定期間あるいは永久にその選挙区あるいはすべての選挙区から立候補が禁止されることになっていた。政治家にとって最も厳しい制裁は刑罰が課せられるより、むしろ議員資格が剝奪され、立候補が禁止されることである。判例によって連座規定の及ぶ範囲が末端の運動員にまで広げられたので、この腐敗違法行為防止法は政治腐敗の除去に著しい効果をあげることになった。ただしこの法律では腐敗違法行為の告発は民衆訴訟の形式をとり、裁判は民事裁判として原告、被告および双方の弁護士によって争われ、腐敗違法行為が認定されたからといってその裁判によって直ちに刑事罰が課せられるわけではない。この法律が政治腐敗の抑制に効果的であることは疑いないが、英法と法体系を異にし、民事裁判と刑事裁判を峻別するわが国に直ちにこの法律を導入することには法曹界でかなりの議論が生ずるであろう。

五　政治改革の諸目標

超えなければならないバリアーⅠ

政治改革は、このような選挙制度や政治資金の規正、公的助成の導入だけでは十分とはいえない。すでに論じたように国会審議が形骸化し、国会を単なる法案処理機関に堕せしめている大きな原因として、国対政治を廃し、帝国議会以来の国会審議方式の抜本改革が必要となろう。現在では、質問者に対し総理や閣僚、法案提案者の答弁には、反論権が認められていない。また、内閣提出法案の場合、法律上、行政上細部にわたる専門技術的問題に関しては、しばしば官僚が閣僚に代わって答弁をしている。このような方式が国会審議を形骸化していることは疑いない。

一九九三（平成五）年の通常国会において、政治改革特別委員会においては与野党がそれぞれ提出した政治改革法案の審議において、従来の委員会審議を改め、答弁者の反論権や質問者に対する反対質問等を認める新しい審議方式を試行的に導入した。これを単に政治改革特別委員会における審議のみに限定せず、国会審議全般に拡大、定着させていくことが必要であろう。また、党議拘束についても再考の余地がある。議院内閣制においては、党議拘束はやむを得ないことではあるが、それを法案提出の時点で、しかも衆参両院議員に対して行う現行方式を改め、委員会の採決の段階まで自由な意見の表明を認めることも、国政審議の活性化につながるであろう。

最後の問題は、中央地方関係である。中選挙区制の最大の弊害のひとつが、選挙区における現職議員の有権者に対する利益誘導競争にあることは周知の事実である。機械的に配分される地方交付税はともかく、特別交付税の配分や、事業官庁の予算配分権、さらに中央官庁のもつ許認可権が、多くの政治腐敗の原因となり、また個人後援会の陳情処理と利権配分組織としての性格を強化し、二世議員輩出の温床となっていることも否定できない。中央地方関係の見直しが伴わなければ、政治改革も画龍点睛を欠く結果となるであろう。選挙制度の改革や政治資金制度の改革、政治腐敗除去のための選挙訴訟の促進と相まって初めて政治改革は完成されるのである。

[注]

（1）堀江湛、河野義克「政治改革は首相の責任　峻厳な立法で違法の根を断て」『This is 読売』一九九一年六月号、一〇四―一一五頁。
（2）富田信男、内田満、堀江湛、谷藤悦史「選挙制度と政治改革の問題点　政治改革五人委員会座談会」『正論』一九九三年七月号、七八―八九頁。
（3）選挙制度審議会『選挙制度及び政治資金制度の改革についての答申』平成二年四月二六日。
（4）選挙制度審議会『衆議院議員の選挙区の区割りについての答申』平成三年六月二五日。
（5）Walter Bagehot, *The English Constitution*（『イギリス憲政論』辻清明編「バジョット／ラスキ／マッキーヴァー」世界の名著72、中央公論社）。
（6）John Stuart Mill, *Considerations on Representative Government*（『代議政治論』関嘉彦編「ベンサム／J・S・ミル」世界の名著49、中央公論社、但し、ここで問題にされている比例代表制の部分については翻訳が省略されている）。
（7）堀江湛「小選挙区比例代表並立制実現を」『朝日新聞』一九九一年八月六日「論壇」。
（8）民間政治臨調『日本変革のビジョン』講談社、一九九三年。
（9）堀江湛「選挙制度改革のシミュレーション」『エコノミスト　臨時増刊　総特集自民党の徹底研究』一九八九年、一三八～一四四頁。読売選挙制度研究班「審議会答申をもとに各党議席をコンピューターで徹底予測」堀江湛「政治改革進めやすい制度へ」『This is 読売』一九九〇年六月号、一二〇～一二七頁。堀江湛、井田正道「衆参の〝ねじれ〟は変らず」『This is 読売』一九九二年七月号、一〇六～一一〇頁。

第四部
日本の統治システムの改革

第七章

国会改革の政治学

――「国権の最高機関」としての役割

一　青島・ノック現象と増大する無党派層

統一地方選〔一九九五年〕で、青島幸男が東京都知事、横山ノックが大阪府知事と、東西にタレント知事が誕生したことは、無党派層の台頭と、有権者の既成政党に対する不信感がここまできたのか、という驚きを国民に与えた。各政党の受けた衝撃は大きかった。

無党派層が注目されるようになったのは今に始まったことではない。一九七六年、三木内閣の任期満了選挙、いわゆるロッキード選挙において、三木内閣の田中角栄前首相を中心とするロッキード疑惑と金権腐敗に対する対応が手ぬるいとして自民党を脱党して新党を結成した、河野洋平、西岡武夫、山口敏夫らを中心とする新自由クラブが大量の議席を獲得するという新自由クラブブームが起こったが、これを支えたのが大都市の無党派層であった。最近では、一九九三年総選挙にみられた、細川護熙の率いる日本新党ブームや武村正義の新党さきがけの議席増も、この無党派層の力によるものであった。

問題は、この無党派層が、一九九四年七月の調査から急増し、有権者の過半数を超えるようになったことである。羽田内閣の総辞職から自社さきがけ三党連立の村山内閣の成立に至る各政党間の、あるいは各政党内部での政権をめぐる、なりふり構わぬ権力闘争と駆け引きについていけなくなった国民の違和感や不満、失望が政党支持離れを加速したものであろう。すなわち、時事通信社が毎月継続して行っている世論調査結果によれば、近年ほぼ四〇%前後で推移し、九四年六月に三九・二%だった無党派層は、七月には突然五二・二%に上昇し、統一地方選が行われた九五年四月には五六・七%にも達したことである。特に一三大都市では、前年四月には三六・四%であったのが六五・三%に、一年間でほぼ八割近く増加している。都知事選や府知事選において、有権者の三分の二に達するこの無党派層が決定的な力を発揮したのである。

これまで政党支持なし層は、政治的知識・関心も低く、選挙に際しても棄権するものが多いとされてきた。今回の都知事選でも、知事候補の本命、石原信雄前官房副長官を推す自民、社会、さきがけ、公明の各党は、投票率が低ければ政党や団体の組織中心の運動を進める石原が有利となり、阪神大震災に地下鉄サリン事件が加わり、無党派層はこれに関心を奪われて、投票率は低下するものと踏んでいた。しかし予想に反し、前回知事選並みの投票率が示されたことからも分かるとおり、九四年夏以降急増した政党支持なし層は、従来の無党派層とはその構成を異にしているように思える。

この一年間に政党支持なし層の増加が最も甚だしかったのは、職業についてみると、四六％から六六・八％に増えた事務職と、三二・一％から五二・四％に増えた自由業・管理職であり、学歴では、四三・九％から六九・五％に増えた大学出（旧制高専を含む）である。女性より男性の増加率が大きいし、二十代では七八％が政党支持なし層であるが、増加率からみると一年間に六六％増えて五三・八％が政党支持なし層になった五十代の方が著しい。政党支持なし層の増加は、単に学生や主婦などの政党支持なし層が増えたためだけではないのである。学生と主婦が青島知事を誕生させたという論評は、必ずしも正確ではない。

都知事選に際し、私の研究室が東京都の光が丘団地を選んで社会調査を行った定点観測の結果によると、全体の五三・六％を占める支持政党がないという有権者のうち、三八・七％が自民党、三三・七％が社会党を以前支持していたと答えている。青島幸男に投票した理由として最も多く挙げられたのが、五二・七％あったクリーンイメージであり、三三・〇％の政党色なしがこれに次いでいた。政策が良いとしたものがわずか三・三%であり、実力がありそうだからとするものは一一・二%にすぎなかった。岩國哲人に投票した五四・九%と石原信雄に投票した四五・七%が、実力がありそうだからという理由を挙げ、大前研一に投票した有権者の三〇・八%が実力と政策を挙げていた。

政治の目的は、国民の生命・財産の安全を図り、基本的人権を保障することである。そのために、安全保障と治安の維持をはかり、治山・治水に始まる基本的なインフラストラクチャーを整備し、産業の振興を行い、教育や社会福祉の一層の充実を進めなければならない。国政選挙の目的は、候補者とその所属する政党の掲げる公共政策の評価を通じて、これら公共政策の形成に責任を持つ、政権をゆだねる政党と政治家を選択することにある。各政党や候補者の政策こそが選挙における選択の基準である。

もちろん国政と地方自治はレベルを異にする。しかし、知事を選挙するということは、自治体における行政の最高の責任者を選ぶことである。自治体の場合、住民の直接選挙による知事や市長の権限と責任は重い。大統領制に近いといってもよい。従って、知事選挙では、知事の公約として掲げる政策こそが、投票する候補者選択の第一の基準となるはずである。

しかし、少なくとも青島幸男に投票した有権者は、政策よりもクリーンイメージと政党色なしを優先させたわけである。世界都市博覧会の推進母体である「東京フロンティア協会」の職員も、クリーンで政党色のない青島幸男に投票した。しかし、ふたをあけてみたら、都市博中止を公約する青島が当選し、愕然となったという冗談がある。国政と地方自治を同一に論ずることには問題がある。しかし、都知事選における都民の投票を無思慮ではないかとあげつらう前に、ここまできた国民の、政治腐敗に対する怒りと既成政党に対する深刻な政治不信を真剣に受け止める必要がある。

二　政治改革の中の国会改革

一九八九年、竹下内閣の時代、リクルート事件によってはしなくも暴露された、政治腐敗による底知れぬ政界の汚染と、折から審議中の税制改革やリクルート疑惑の追及をめぐって空転する国会に対する国民の厳しい批判と政治不信の高まり、およびこれを真摯に受け止め、その反省に立って、国民の政治に対する信頼の回復を図ろうとする政界内部の動きを契機として、政治改革の論議が始まった。この政治改革の論議の中で、政治腐敗の除去と議会政治の活性化を図る方策として登場したのが、政治倫理の確立、政治資金制度の見直し、選挙制度の抜本改革、国会改革、地方分権と規制緩和の五つの改革である。

政治倫理の確立に関しては、決して十分とはいえないにしても、国会議員の資産公開制度が導入され、また、政治資金および選挙制度に関しては、一九九四年暮れ、小選挙区比例代表並立制という新しい選挙制度と小選挙区の区割り法が公布され、また九五年正月には、政治資金の規正強化と政党に対する公的助成法が公布され、選挙制度改革を柱とする政治改革は一応の完成を見た。

しかし、地方分権と規制緩和に関しては、ようやく本格的な取り組みが始まったばかりで、国会改革については、まだほとんど手つかずのまま残されている。通常国会の一月召集、会議録入手の簡易化など、若干の改善はみられ、また、議会制度協議会等においても議論はなされているものの、政治改革関連四法の成立をもって政治改革は終わったとして、政治改革に関する機運が急激に冷え始めている現在、国会改革はこのまま放置されるのではないかとの強い懸念を覚えるのである。

政治資金制度および選挙制度の改革は、政治とカネとの不透明な関係を断ち切り、カネの流れを政党中心にし、政権交代が可能な選挙システムの構築と、議会における公共政策形成のリーダーシップの確立と責任の所在の明確化を目的として行われた。これに対して、地方分権と規制緩和は過度の中央集権を排することを通じて、政官財の癒着を断ち切り、カネのかかる政治や利益誘導政治を根絶することを目的としている。

国会改革は、開かれた国会における審議機能の確立を通じて、民意の集約と果断にして適切な政策転換を可能にする健全な議会デモクラシーの再生を図り、ひいては政治そのものの復権を目指すものである。最近、選挙制度改革によって果たして政治改革の目標が達成されるのか、選挙制度改革は失敗ではなかったのか、といった批判が加えられている。しかし、政治改革は、選挙制度改革に加えて、地方分権と規制緩和、さらに国会改革という改革が達成され、政治倫理の確立が進んで、はじめて相互に補い合ってその真の完成をみるのである。

三　何が国民の国会に対する不信をもたらしたか

憲法第四一条は、「国会は、国権の最高機関であって、国の唯一の立法機関である」と規定している。しかし、わが国の国会は、本当に民主主義的議会政治にふさわしい政策形成の役割を果たしているのであろうか。国民の選良たる国会議員が、この規定に沿った役割を果たしているか否かについては、率直にいって国民の不信感は強い。地方選挙とはいえ、都知事選で青島幸男への投票理由として、クリーンイメージと政党色のないことが挙げられたことは、国民の政治家と政党の現状に対する目が極めて厳しいことを示している。

五五年体制下、中曾根内閣の一時期を除いては、自由民主党は一党優位を背景に、一貫して単独で政権を担当してきた。最初の一〇年間、自民党は憲法改正に必要な三分の二の議席には達しなかったが、絶対過半数の議席を占め続けていた。もしすべての国会審議に多数決原理が貫徹していたとするならば、すべての政府提出法案は成立していたはずである。確かに、次の一〇年間と比較するならば、法案成立数と成立率は高かったが、決して重要法案のすべてが成立したわけではなかった。それは、わが国の国会が、通常国会、臨時国会、特別国会など、一年間がいくつもの国会に分かたれ、それぞれ会期が限定されているという独特の制度や、現行憲法下において導入された委員会制度の運用において、各委員会の議事運営を決定する理事会が、基本的には満場一致主義の慣行によって制約されているためであった。

一九五五年から最初の一〇年間、与野党の対決法案が国会に上程されると、野党はこれらの案の審議や成立を阻止するためには実力を行使するほかはなかった。そのため委員会や本会議の審議の引き延ばしや審議拒否を試み、その開会や採決を、体を張って阻止する座り込みやこれに対抗する与党との乱闘が繰り返された。与党は、重要法案の成立を図るために、会期末が迫ると、委員会の理事会において満場一致の慣行によらず、多数決で本会議や委員会の開催や採決を行った。いわゆる強行採決である。厳しい東西対立のもとで安全保障や治安の維持、あるいは教育に関わる問題についての与野党のイデオロギー的、政策的対立は大きく、歩み寄りや妥協の余地はあまりなかった。

強行採決に抗議する野党による内閣不信任案の提出は、国会会期末の年中行事の観があったし、対決法案が重なると、与党は議会で絶対過半数を占めているにもかかわらず、強行採決による議会の混乱と世論の批判の集中を恐れて、しばしば二本目以降の法案の成立を断念せざるを得なかった。野党の役割は、このような内閣提出法案の成立を阻止することにあったといってもよい。しかし、このような国会の状況は、与野党双方の支持者に無力感と不満をあたえ、議会政治そのものに対する尊敬を失わせ、不信感を高める結果となった。

一九六五年以降、与党自民党の議席が長期低落の傾向を続け、各委員会で委員長を取り、残余の議席の過半数を占めることは次第に困難になった。いわゆる与野党伯仲状況である。この結果、与党自民党は、野党一党以上の協力を得ない限り、ただ一本の法律の成立も難しくなった。与党自民党内における野党対策が重視されるようになり、野党の法案成立に対する賛成率も急速に高まっていった。

折から、共産党も議会主義路線に転換し、民社党に次いで公明党も国会に進出し、野党の多極化が進んでいった。五五年体制下、最初の一〇年間に頻発した国会における乱闘は影をひそめるようになったが、一方、議事手続きを逆手にとった、野党の審議拒否や審議引き延ばしは常態化し、法案の成立率こそ変わらなかったものの、法案上程以前の与野党間の根回しやすり合わせに時間が浪費される結果、法案の成立数は減少の一途をたどることになった。関連法案をなるべく一本化するとともに、法案の内容が抽象的、一般的規定に限定され、具体的内容が、国会の審議を必要としない施行令や施行細則で規定されるといった傾向が生じてきた。これは結果的に、国会に対する行政優位をもたらすことになる。

与野党伯仲状況は、悪名高い国対政治の急成長をもたらすことになった。元来、国会の運営は、議院運営委員会、いわゆる議運の任務であった。各常任委員会や特別委員会の運営は、各党の理事から構成される理事会で行われ、議運もその例外ではなかった。理事は議席数に応じて選ばれるので、各委員会は事実上、自民党と社会党の主導のもとに運営されていた。しかし、六〇年代後半になると、野党の多党化に伴って、議運内部において、共産党や公明党の委員から自社主導の議運の運営に対して厳しい批判が加えられるようになった。その結果、国会内の正規の委員会である議運の討議にかけられる前に、共産党以外の各党の国会対策委員長が相集まり、国会の運営について協議する、国対の会合が頻繁に開かれるようになった。

そして、やがて議事の運営にとどまらず、提出される政府の法案の内容についてまで、国対の場において、全法案を視野に入れながら、妥協や取り引き、すりあわせが行われるようになった。政党間の談合政治として悪名高い、国対政治の誕生である。もっとも、与党自民党においては、役職者の力量に応じて、時には議運の委員長が、事実上国対を取り仕切ったり、あるいは党幹事長が直接国対委員長を指揮、命令して国対政治を切り盛りする場合もあった。確かに、国会を運営するためには、国会全体の立場に立った政党間の交渉や調整は不可欠である。しかし、単なる国会の議事運営の調整という限界を超えて、国対の場で公共政策の形成という国会の最も基本的な任務まで決定されるということになると問題である。国の公共政策が、国民の目にみえない国対の場の談合で決定するということになると、国会の審議は形骸化せざるを得ない。国会は、単なる法案処理機関に堕しかねない。

四　国会審議を形骸化するもの

知事選で青島幸男や横山ノックを当選させた、国民の既成政党に対する不信感の一因が、相次ぐ政党や政治家のスキャンダル続出にあることはいうまでもない。そして、密室における談合のイメージを否定できない国対政治に、国民は何となくうさんくさいものを感じている。その結果、政党と政治家に対する政治不信は、そのまま国の公共政策を形成する国会と政治に対する不信につながっている。国民の政治的信頼を回復するには、これら政治不信の原因である政治腐敗の除去と同時に、国民の目にみえるところで国の公共政策を形成し、国民の目に見えるところで民意を集約する国会審議が行われなければならない。言い換えれば、国会の審議機能の回復を図ることが必要なのである。

国会審議を形骸化させているものは、国対政治だけではない。しばしば指摘されている、わが国における政党の衆参両院にわたる広範な党議拘束、五五年体制下の自民党における与党審査、委員会や本会議の短い審議日数、わが国国会特有の質疑形式、政府委員制度、第二院である参議院のあり方、国会における不徹底な情報公開などは、いずれも国会審議の形骸化をもたらす大きな原因となっている。

議会政治は、政党政治である。議院内閣制のもとにおいては、議会の多数派から総理大臣が選ばれ、内閣を組織し、国の行政の責任を負う。従って、内閣を支える議会の多数派は、内閣の責任において提出される法案の国会通過を図らなければならない。政権与党に属する議員は、従って、これら法案の成立のために共同歩調をとらなければならない。議院内閣制をとる以上、共同歩調をとるための党議拘束は当然である。問題は、わが国の国会において各党が所属議員にかける党議拘束が、すべての内閣提出法案や重要と考える議員提出法案に対してかけられ、対象が極めて広範なこと、さらに、国対政治の影響で、法案が国会に上程される段階で党議拘束がかけられ、しかも衆参両院にまたがって、その党所属のすべての議員にかけられることである。

国対政治の発達につれて、多くの重要法案について、法案の上程前に与野党間の内容にまで踏み込んだ交渉やすりあわせが行われるようになった。その結果、法案の上程前にこれら法案についての各党の態度が党議決定で定まり、所属議員に党議拘束がかけられることになる。当然、所属議員も衆参両院にまたがるので、両議院の議員に対して党議拘束が及ぶことになる。法案が委員会に上程される段階で、その法案に対する党の態度はすでに決まり、党議拘束がかけられているので結論は決まっており、委員会における各党議員の質問は、形式的なものにならざるを得ない。委員会における質疑は、法案処理のための単なる手続きにすぎないものになる。

五五年体制下、自民党長期政権のもとで、自民党の政調部会の役割が次第に大きくなっていった。多くの法案は、まず与党政調会の各部会で所管官庁の担当官僚を交えて審査が行われ、その結論が総務会で承認されると、総務会決定として自民党所属の衆参両院議員に党議拘束がかけられることになった。いわゆる、与党審査の制度化である。この結果、法案の実質的な審議は、国会外の政権与党である自民党の政調部会において事実上行われることとなった。

これは、国の公共政策形成における政党の発言権とリーダーシップを強化するものであり、いわゆる官僚支配に対する政党の影響力を高めるものとして、それなりの評価を与えることができるものではあるが、反面、これが国会における委員会審議を形骸化する結果になったことは否定できない。

法案の実質審議が、国対レベルや与党の政調部会に移行し、委員会や本会議における法案審議が形式化してきた結果、会期末、与野党合意が成立すると、与野党対立によって審議が停滞していた法案が一斉に処理されることになる。その結果、多数の法案が、甚だしい場合は両院それぞれ一日で通過、成立することも珍しくない。このような国会の法案処理機関化が国民の国会と政党に対する尊敬の念を奪い、不満と不信を高めることは当然といえよう。

五　討論の実質を欠いた国会質疑

さらに問題は、このような委員会や本会議における質疑の形式である。委員会や本会議での質疑は、与野党議員の政府に対する質疑という形をとっている。議員の質問に対し、閣僚と政府委員が答弁し、政府側は反論権を行使しない。帝国議会時代の、天皇の官僚に対して議会がチェックを入れるという伝統が、二〇世紀末の現在まで引き継がれているのである。一九九三年、宮沢内閣の末期、衆議院の政治改革特別委員会において、与野党委員の合意に基づいて委員会質疑を自由討論の形で進めた。この結果、自由な討議を通じて与野党議員の一体感が高まり、各党の歩み寄りが進み、各党が慌ててこの委員会の委員に党議拘束の範囲を超えることのないよう引き締めを図るといった事態が生じた。制度的にはこのような自由討議の方式の導入が許されるにもかかわらず、依然として伝統的な一問一答形式での質疑方式を続けていること自体、すでに現実には国会における審議機能が形骸化していることの一つの反映ともみてとることができる。

委員会質疑のもう一つの問題は、政府委員の制度である。国会で審議される法案には、内容においても法律上の形式においても、極めて専門的、技術的問題に関わるものが少なくない。そのため、質疑の正確を期するため、所管官庁の政府委員がその閣僚の答弁を補佐することが行われている。閣僚が答弁において、「この問題は重要でありますから政府委員をもって答えさせます」と発言し、失笑を買った例がよく挙げられるが、法律解釈や行政実務に深く関わるような問題の場合、無理からぬ点もある。わが国の閣僚が頻繁に交代し、所管事項について精通する暇のないことも一つの原因として挙げられよう。

第二次大戦後、吉田内閣時代に、吉田総理は、ほぼ一年ごとに内閣改造を行って閣僚を入れ替えた。閣僚人事を通じて党内における主導権を確立するためであった。以後この方式は歴代内閣によって受け継がれ、今日に至っている。頻繁な内閣改造の結果、その所管事項については全く素人の政治家が閣僚に選任されることもまれではない。自民党時代は派閥間で、連立時代に入ってからは連立与党間で閣僚が配分される結果、適材適所の閣僚が選任されるとは限らない。結果としてこのような政府委員制度も、国会審議を形骸化すると同時に、政策形成における官僚優位を強化することになっている。

国会について考える場合、忘れてならないのが参議院の問題である。わが国の参議院は、予算の議決などを除いては、法案の審議においては衆議院と対等の権限が与えられている。制度上は、極めて強力な存在といわなければならない。参議院が衆議院と異なる議決をした場合、衆議院の求めによって両院協議会が開かれることがある。しかし、この委員は、両院それぞれの多数派によって構成されるため、必ずしも合意が成立するとは限らない。憲法上は、衆議院が出席議員の三分の二以上の多数で再可決した時は法律になるとされているが、実際には与党の議席が三分の二以上を占めたことはないため、事実上空文である。このように考えると、法律案の成立に関しては、参議院が拒否権をもっていることになる。一九九四年一月、細川内閣の政治改革法案は参議院で否決され、両院協議会の合意が進まず、法案は廃案寸前に追い込まれた。最終的には細川総理と野党自民党の河野総裁のトップ会談によって法案は成立に至ったが、臨時国会の会期末、最終段階において、国民はあらためて参議院のもつ強大な権限を認識させられた。

しかし現実の問題として、衆議院が先議権をもつ予算案が参議院に送付されるのは、早い場合でも年度末であり、ほとんどの法案は先に衆議院に提出されるため、参議院への送付はさらに遅れる。野党の審議拒否や審議引き延ばしが行われると、参議院への法案の送付は会期末に集中することになる。法案審議の形骸化は、衆議院よりもさらに甚だしいといわなければならない。いわゆる「良識の府」としての参議院の存在意義を高めるためにも、単に法案審議という側面からだけでなく、わが国国会の二院制における参議院のあり方について根本的検討が求められるであろう。

六　国会の情報公開と国会の活性化

ＮＨＫテレビで放映される国会中継の視聴率は低い。テレビ局側の編成権にさまざまな制約があることも一因であるが、形骸化している国会審議もその大きな原因である。現在、テレビ中継は、本会議における総理大臣および大蔵、外務両大臣と、経済企画庁長官の政府四演説とこれに対する与野党の代表質問、および予算委員会の総括質疑と、国民に深い関心があるものとして特に認められた委員会質疑に限定されている。

テレビの放映ばかりでなく、国会審議についても、これまで本会議については議事録が公表されていたが、委員会の議事は非公開とされてきた。その入手が容易ではなかった委員会議事録の一般への販売方針が決まるなど、国会の情報公開は徐々に進んでいるとはいえ、まだ極めて不徹底である。米国にならって、国会のすべての本会議や委員会の審議を放映する国会テレビ局の開設をはじめとして、国の公共政策の形成が国民の見えるところで行われ、国会を開かれたものとするための情報公開の拡大が必要である。

たとえ国会の情報公開が徹底して行われようとも、現在のように形骸化した国会審議の状況では、国民の政治的信頼を回復することは難しい。細川内閣の成立以来、国対政治という言葉はなくなった。国対政治の廃止は、細川内閣の掲げた改革目標の一つでもあった。なるほど、与野党間の国対政治は一見影をひそめたようにみえたが、これに代わって連立与党間の意見調整の場が必要になった。議事運営をめぐる与野党間の調整も必要である。しかし、このような場での調整が、法案の内容にまでわたることは厳に慎まなければならないし、仮にも国対政治の復活に道を開くことがあってはならない。

五五年体制下、野党は議事運営に関する全会一致のルールを最大限に生かし、政府与党に抵抗してきた。諸外国と比し、わが国の国会の会期は極めて短いが、その限られた会期の大半が法案の実質的審議ではなく、議事運営に関する合意形成に費やされてきた。細川、羽田、村山の三内閣を通じて、共産党を除くすべての政党は政権与党となるという経験をもった。東西対立の時代は終わった。新しい選挙制度の導入によって、各政党は最も多くの国民の支持を得ようと民意の集約に努めるため、基本政策に関する政党間の立場は接近してくる。国会の議事運営における多数決原理を承認し、限られた会期を法案の実質審議に費やすことによって、国民の国会と政党に対する信頼を回復する道を選ぶ時期がきたように思われる。

阪神大震災の直後、復興に関し国民は国会での激しい討議を期待した。しかし野党は、国会で政府与党と論戦を戦わせることよりも、危機に際して災害復旧をめぐり、基本的には政府与党の対策に協力するという道を選んだ。震災を奇貨として政府与党の足を引っ張っているという世論の批判を避けようとしたためであろう。急激な円高に伴う対策や地下鉄サリン事件についても同様の傾向がみられた。この一つの原因として、国会の審議が政府与党の提出する法案の審議や、国政調査権の発動としての国政の審査におかれていることがあるように思われる。

第二次大戦後、議員の自発的な自由活発な討論を期待して自由討議の制度が導入されたが、あまり活用されることなく廃止された。たとえば、震災復興や円高対策、サリン対策として、どのような経済政策をとり、あるいは危機管理の態勢を整えるかといった問題について、閣僚および与野党の議員の自由な討論が行われ、その中から必要な対策を進める根拠法としての法案の制定が行われるということになれば、議会審議のもつ意義は飛躍的に高まるであろう。わが国の議会政治のシステムが国民の尊敬と信頼を回復するためには、国会の審議の活性化が何よりも望まれるのである。

第八章

行政改革と地方分権

一　政治システムの改革

一九九四年一月、当時の細川護熙首相と自民党の河野洋平総裁との、いわゆる与野党トップ会談によって衆議院の選挙制度改革を柱とする政治改革に関する合意が得られ、翌九五年、国会で可決、成立した。そして九六年の一〇月、この新しい選挙制度によって初の衆議院総選挙が行われた。マスコミや言論界の一部には、政治改革と衆議院の選挙制度改革とをイコールの関係で捉える者もいるが、選挙制度改革は政治改革、すなわち広い意味での政治システム、統治機構の改革の一部であり、第一歩にすぎないものである。

そもそも政治改革は、いわゆるリクルート事件に端を発する政治不信に起因する。政治とカネとの関係を透明化するとともに金のかからぬ選挙を実現し、迅速かつ適切、そして政治主導の政策決定を可能とするシステムを構築し、国民の政治に対する信頼を回復させようというのがその目的であった。従来、衆議院で採られていた中選挙区制を廃止し、小選挙区比例代表並立制を導入したのもそのためである。また、選挙制度改革とセットで議論されたものとしては、政治団体などに対する寄付の量的規制及び公開基準の引き下げなど、政治資金規正法の改正、連座制の強化などの公職選挙法改正などがある。

しかし、政治改革は決して選挙制度改革やこれに関連する諸改正に尽きるものではない。それらは政治改革を構成する重要な柱ではあるが、他の改革とワンセットとなって初めて完成するものなのである。もともと政治改革が議論され始めた際、政治改革とは選挙制度改革に加え、政治資金制度の規正強化、政治倫理の確立、国会改革、そして地方分権と規制緩和の五つの改革を指した。しかし、選挙制度や政治資金制度の改革などに関心が集中したあまり、政治改革を選挙制度改革と同一視し、他の改革がおろそかになってしまったことは否定できない。

衆議院の選挙制度改革が政治改革として取り上げられた理由の一つは、五五年体制・中選挙区制の下で、長期政権を維持した自民党の派閥政治とそれに深く関わる選挙に際しての同士討ちの弊害を是正し、政党本位、政策本位の選挙を実現するためであった。同一政党から複数の候補者が立候補したため、政策論争が繰り広げられないだけではなく、サービス合戦中心の選挙となったからである。カネのかかる選挙に終止符を打つためにも、従来の中選挙区制を廃止することが必要だったのである。連座制を強化するなど、選挙違反に対する罰則が強化されたのは、新しい選挙制度の効果を高めるためであった。結果としては不徹底であったが、選挙制度を変えることによって、著しい一票の格差の解消をはかることも、もうひとつの狙いであった。第四一回衆議院総選挙を見る限り、これらが一定の効果を発揮したことは否定できない。

またリクルート事件や佐川事件、あるいは共和事件などでは、政治家とカネとの不透明な関係が問題にされ、国民世論の厳しい批判を受けた。このため、選挙制度を改革するだけではなく、政治家本人とカネとの関係を断ち切るとともに、政治資金の「入」と「出」をガラス張りにする必要もあった。政治資金規正法の改正では一人の政治家には一つの政治資金管理団体しか認められなくなり、また、一つの企業等団体から受領できる寄付については五年間に限り、年間五〇万円まで認められ、さらに、政治資金管理団体が扱う五万円超の「入」と「出」が収支報告書を通して公表の対象となったのである。今、五年後に企業等団体からの寄付の廃止に踏み切るか、前例を踏襲するか等について国会でさらに議論が展開されている。

政治システム全体の改革を試みる際、こうした選出方法や選出過程における改革が必要不可欠であることに疑問の余地はないが、決してこれらに尽きるものではない。政治システムにおける重要な機関である国会と政府そのものをも改革しなければならないのである。これらの改革を伴わなければ、政治改革は完成しない。

国会の改革は政治改革が俎上《そじょう》に上る以前より議論されてきた問題であり、必ずしも真新しいものではない。一九五五年代乱闘国会のたびに国会の正常化が叫ばれ、決して十分とはいえないものの、話し合いの国会の確立、政府に対するチェック機能の強化、議論の活性化、議員立法の促進など国会の活性化に向けてさまざまな施策が試みられてきた。

しかし、政治改革の中で国会改革が焦眉の急とされるのは、政治改革が、政治のリーダーシップの確立、政治主導の政策決定の実現を目指すものであるからにほかならない。国民の代表から構成され、国権の最高機関に位遣づけられている国会の議論が停滞していては、「政」の「官」に対する優位性は確保されないし、政党間、議員間の政策論争が繰り広げられなければ、選挙制度改革の意義の一つが失われることになりかねないのである。一九九六年の末に民主党が提案した、いわゆる行政監視院法案はさまざまな問題もあったが、国会の行政に対するチェック機能を強化するひとつの試みであったということができる。

一方、最高意思決定機関である国会の改革と並んで重要なのは、行政そのものの改革である。第二次橋本政権は発足早々より、省庁の統廃合や特殊法人の整理合理化、そして内閣総理大臣の機能強化などを柱とする、行政改革を政権の最重要課題に位置づけた。こうした組織改革の前提にあるのが規制緩和と地方分権である。規制緩和とは経済活動の主体を「官」から「民」に移すことを目指すものであり、地方分権とは権限や財源を可能な限り「国」から「地方」に委譲することである。これらの二つの改革によって中央政府のスリム化、効率化が図られ、内閣総理大臣のリーダーシップ、さらには政治のリーダーシップの確立を図ろうというものである。政府はこれまでも、行政改革委員会と地方分権推進委員会などにおいてこれらの課題の具体的改善策を議論してきた。それらを体系的に総仕上げするのが、いわゆる行政改革であるといってよい。

二　行政改革の背景

行政のスリム化、効率化は、普遍的な課題であるといってもよい。いつの時代においても行政は膨張しがちであり、絶えずそれをチェックしなければならない。財政収入が豊富であれば、そうした必要性は相対的に減るだろうが、経済の低成長が続き、税収入が伸び悩めば行政改革は喫緊の課題になる。それはわが国だけの問題ではなく、他の先進諸国においても同様である。

わが国において行政改革が最重要課題として本格的に取り上げられたのは、鈴木内閣から中曾根内閣にかけてである。この間、土光敏夫氏を会長とする第二次臨時行政調査会（後に土光臨調と呼ばれる）が設置され、本格的な議論が開始された。池田内閣下で設置された第一次臨時行政調査会で出された答申は、格調は高かったものの、実現性という点では問題もあり、土光臨調では実行可能性が求められた。

鈴木内閣、あるいはその後の中曾根内閣下で、行政改革が取り上げられた背景にあるのは膨大な歳入欠陥である。鈴木首相は「増税なき財政再建」の実現を図るため、予算のゼロ・シーリングを打ち出すとともに、行政改革と官業の民営化を推進するため、首相直属の第三者機関が設置されることになった。

それが一九八一年三月に設置された土光臨調である。

土光臨調は土光会長の強力なリーダーシップのもと数次にわたって答申を出したが、それを実現したのは、鈴木内閣下で行政管理庁長官を務め、同内閣を引き継いだ中曾根首相であった。中曾根首相は行政改革を「戦後政治の総決算」の最重要課題に位置づけ、臨調の答申を実行していった。その最たる例が、国鉄の分割・民営化、電電公社と専売公社の民営化である。必ずしももくろみ通りにすべての行政改革を断行できたわけではないが、首相直属の第三者機関を活用することによって、いわゆる行革路線を定着させたことだけは間違いない。

土光臨調に続き、臨時行政改革推進審議会、いわゆる行革審が三次にわたって設設され、引き続き行政改革のための具体的施策が議論された。こうした議論の主な観点は、いかにして中央政府をスリム化し、行財政の無駄を省くかということであった。もともとわが国の人口当たりの公務員数は、国家公務員総定員法が成果を上げていることもあり、先進諸国の中では極めて少ない方である。その反面、許認可権や行政指導など、中央官僚が民間や地方自治体などに対して行使しうる、公式または非公式な権限は実に膨大である。戦後の復興期や高度成長期においてはそうした強力な中央集権体制が有効に機能した面もあるが、経済の低成長時代が到来してからは、むしろ弊害《へいがい》が目立ちはじめるようになった。このように、従来の行政改革は、経済の低成長化と財政赤字が大きな要因として働いてきた。そうした流れはその後も続いているし、橋本内閣下で財政構造改革会議が設置され、厳しい内容の抑制策が決定されたのもこのためである。

しかし、平成の時代に入ってからの行革論議にはもう一つの要因が加わったと考えられる。それは、政治主導、そして生活者中心の政策決定への要請であるといってよい。激変する内外情勢に、責任の所在を明確にしながら迅速かつ適切に対応するには、官僚主導ではなく、政治主導の政策決定が求められる。また、ナショナル・ミニマムがある程度達成された今、地域の実情に即した住民の自己決定と、自己責任の原則に基づく地方自治の確立が必要とされる。これら要因は、政治改革が必要とされる要因と同根のものであり、行政改革委員会における規制緩和と官民の役割分担の明確化、そして地方分権推進委員会における地方への権限委譲はその両翼を担うものであった。

官僚の権限が強く、また官業の比重が大きければ、政治主導の政策決定は困難である。従来、国会で審議される法律案の大半は政府提出法律案であり、実際の施行細則を政令省令に委ねる、いわゆる委任立法も極めて多かった。複雑化、専門化する現代社会において行政の果たす役割が大きいことは否定できず、また、議院内閣制の下では立法と行政とは協調関係にあるものの、政治が関われる余地はあまりにも少なかった。今日までの官僚主導の政策決定に正の効果があったことは否定できないが、逆に政策決定の機動性、政治責任の明確化といった点において大きな問題が生じはじめた。迅速に諸情勢の変化に対応できないのみならず、責任の所在の不明確さが顕著になりはじめたのである。

こうした弊害を是正し、政治主導の政策決定システムを構築するために、まず行われたのが衆議院の選挙制度改革であった。しかし、新しい選挙制度を導入し、選出方法を変えただけで政治主導のシステムに移行できるわけではなく、行政改革をはじめとする他の改革が実現されない限り、政治システム全体の改革に結びつくことはない。

行政改革委員会の答申や地方分権推進委員会の勧告等、改革の方向と方策はすでに明らかである。問題はこれをいかに具体化していくかということである。第二次橋本内閣では、首相みずからが会長を務める行政改革会議が設置され、今日までのさまざまな答申、勧告などを踏まえ、抜本的な行政組織の改革、そして内閣総理大臣の機能強化策が検討されている。また、元総理大臣、大蔵大臣の経験者を集めて、破綻寸前の国家財政の再建の方策を議する財政構造改革会議は、さらに包括的な行政構造の転換を求めている。こうした諸改革は、単に政府内の改革であるというよりも、政治改革の一環であるという視点が重要なのである。

三　地方分権の位置づけ

かつての臨調や行革審、地制調〔地方制度調査会〕などの答申においても、国から地方自治体への権限の委譲に関する指摘は多く見られる。これらの答申のなかで、特に臨調や行革審などが地方分権を主張してきたのは、中央省庁の行政事務をスリム化、効率化するとともに、身近な行政は住民にもっとも身近な行政主体が処理すべきとの理念に基づくものであった。しかし、臨調や行革審などは、あくまでも中央省庁の事務のスリム化、効率化に重点を置いてきたため、一部の例外を除けば、地方分権については必ずしも大きな改革をなし遂げたわけではない。そこで、もっぱら地方への権限委譲と国の地方に対する関与の縮減、そして分権の「受け皿」としての地方行政体制の問題を議論するため、一九九五年に地方分権推進委員会が設置された。

地方分権推進委員会の根拠法である地方分権推進法の第二条では、地方分権の推進に関する基本理念は、「国と地方公共団体とが共通の目的である国民福祉の増進に向かって相互に協力する関係にあることを踏まえつつ、各般の行政を展開する上で国及び地方公共団体が分担すべき役割を明確にし、地方公共団体の自主性及び自立性を高め、個性豊かで活力に満ちた地域社会の実現を図ること」としている。

また、一九九六年三月に出された同委員会の「中間報告」では、地方分権が必要とされる理由として、中央集権型行政システムの制度疲労、変動する国際社会への対応、東京一極集中の是正、個性豊かな地域社会の形成、高齢社会・少子化社会への対応を挙げている。

臨調や行革審の流れに鑑《かんが》みれば、地方分権に関して集中的に議論を行い、具体策を提示する第三者機関が必要とされるのは当然であろう。しかし、一九九三年六月に衆参両院で「地方分権の推進に関する決議」が行われ、その後、「地方分権の推進に関する大綱方針」が閣議決定されるとともに地方分権推進法が制定されたのは、別の要因が強く働いたからである。それは、地方分権が政治改革、すなわち政治システムそのものの改革の大きな柱の一つであることと無関係ではない。従来の行革路線の中の地方分権論議に政治主導の分権論議が加わったのである。

地方分権が政治改革に資するのは、まさに国政機能を強化することになるからである。従来、中央省庁は均衡ある国土の発展とナショナル・ミニマムの向上を図るため、精緻な中央集権型の行政システムを確立してきた。こうしたシステムは、戦後の復興期やその後の高度経済成長期に、行政の統一性と公平性を確保するために一定の役割を果たしたことは事実である。その結果、中央省庁に強大な権限が留保されるとともに、膨大な補助金を有していたため、政権与党の国会議員は、許認可や公共事業の誘致をめぐって、中央省庁と選挙区との仲介役を果たすようになった。このような慣行はやがて組織化され、中央集権体制と同時に中選挙区制が採られていたこともあり、五五年体制下、政権与党の国会議員の最大の役割は、選挙区への利益誘導になっていった。またそれは、同一選挙区選出の政権与党の候補者間のサービス合戦にもつながった。

一般的に、族議員とは特定の行政分野に精通し、その分野における政策決定に大きな影響力を行使する議員である、と定義することができる。小選挙区制を採る他の先進諸国においてもそうした議員を見いだすことができないわけではない。しかし、従来の中選挙区制においては、当該選挙区の部分票を獲得するだけで当選することができた。このため、特定の業界や団体の支持を得るとともに、組織票を固めれば十分に当選圏に入ることが可能だったのである。逆にこうした選挙運動や政治活動は、族議員が生まれる要因だとされ、利益誘導と選挙運動が密接不可分の関係になっていった。

もちろん利益誘導政治の要因は、従来の中選挙区制のみに求められるものではない。むしろ中央省庁が強大な許認可権と膨大な補助金の交付決定権をもつところに大きな問題がある。各自治体の首長は地域内の政策を決定するためであっても、中央省庁の許可を得なければならない場合が多く、また、いかに多くの国庫補助金を獲得するかが最も重要な仕事のひとつとなっていた。さらに、自治体の負担によって独自の政策をすすめるより、国の策定した政策を受け入れて、いわゆる奨励的補助金を獲得したほうが有利である。このため、各自治体の首長は中央省庁に対して陳情を繰り返す必要があり、地元選出の国会議員、とりわけ族議員を活用してきた。

しかし、激変する内外情勢に国会が迅速に対応するためには、国会議員は国政上の重要課題に専念する必要がある。地域間格差が極めて大きければそれを是正する必要があるのは当然のことであるが、必要以上にそうした利益誘導を行っていては国会議員が本来の仕事を行えなくなる。こうしたことは官僚主導の政策決定や国会の形骸化の大きな要因のひとつであるといってよい。一連の政治改革論議の中で地方分権が取り上げられたのもこのためであるし、地方分権が本格的に議論されるようになった理由でもある。

従来の中選挙区制が廃止され、衆議院に小選挙区比例代表並立制が導入されても、中央集権型の行政システムが維持されていては、国会議員は依然として選挙区への利益誘導を行わざるをえない。第四一回衆議院総選挙ではいくつかの選挙区において政策論争が繰り広げられたが、依然として利益誘導が争点になっていた選挙区も多い。国の地方自治体に対する許認可権が大きく見直されるとともに、過度な関与や奨励的補助金などが廃止されれば、国政選挙において横行してきた利益誘導の根は断たれることになる。

四　地方分権推進委員会の役割

地方分権推進法は、その第九条で地方分権推進委員会を置くことを、また、同一〇条で、地方分権の推進に関する基本的事項について調査審議し、その結果に基づいて、地方分権推進計画の作成のための具体的な指針を内閣総理大臣に勧告するとともに、同計画に基づく施策の実施状況の監視を行うことを定めている。具体的には、地方公共団体への権限の委譲の推進、地方公共団体に対する国の関与、必置規制、地方公共団体の執行機関が国の機関として行う事務及び地方公共団体に対する国の負担金、補助金等の支出金の地方自治の確立を図る観点からの整理及び合理化などの措置の検討（第五条）、地方公共団体が事務及び事業を自主的かつ自立的に執行するための地方税財源の充実確保の検討（第六条）、そして地方分権の推進に応じた地方公共団体の行政体制の整備及び確立の検討（第七条）を行い、勧告を行うことが求められたのである。

こうした事項に関して勧告を行うには、主として二通りの方法があった。一つはかつての臨調や行革審、あるいは地制調などの答申を再点検するとともにさらに議論を深める方法であり、もう一つは全国知事会や市長会など、いわゆる地方六団体からの要望事項を整理・検討し、議論を深める方法であった。結果的に前者は加味されたものの、地方分権推進委員会は基本的に地方六団体からの要望事項が改革の主たる論点になった。つまり、地方六団体からの要望を整理するとともに、実情を検討し、各省庁との協議を行って具体的な勧告をまとめることが地方分権推進委員会の役割になったのである。

こうした六団体からの要望を整理し、議論を深めるためには、七人の委員から成る委員会（「親委員会」と称された）だけでは不十分であったため、地域づくり部会とくらしづくり部会、さらに行政関係検討グループ、補助金・税財源検討グループ、そして地方行政体制等検討グループが設置され、専門的な観点から検討が加えられた。また、親委員会や部会、グループの事務を処理するため、各省庁や地方自治体、民間企業などからの出向者（約三〇名）で事務局が構成された。局長は総務庁から、次長は自治省から、また、参事官には総務、自治、大蔵の各省庁からの出向者が充てられた。

地方分権推進委員会が真先に取り上げ、一九九七年七月に提出された第二次勧告までの間に最大の労力を費やしたのが、いわゆる機関委任事務制度の廃止に伴う、新たな事務への振り分けであった。機関委任事務制度は地方公共団体の長を国の下部機関とみなし、国の事務を処理させるものであったため、上下・主従の関係の象徴だとされてきた。このため、委員会ではこの制度を廃止し、法律単位で五六一項目の機関委任事務を原則として自治事務と法定受託事務に振り分ける作業を行ったのである。こうした作業は、行政関係検討グループが中心となって行った。

補助金の整理合理化、地方税財源の充実確保に向けての作業は補助金・税財源検討グループが担った。しかし、補助金は極めて政治的な問題であったこともあり、各省庁の合意を取り付けることは容易ではなく、地方税財源の充実確保についても、国家財政の逼迫もあって将来の方向性を明確に示すことをもって満足しなければならなかった。さらに、補助金・税財源検討グループは、九七年六月に財政構造改革会議でまとめられ、閣議決定された『財政構造改革の推進方策』と適合性をとることに努めたが、この推進方策には補助金の削減を含め、画期的な財政抑制策が盛り込まれており、一定の前進が期待されるものであった。

一方、従来、地方分権が進まなかった理由のひとつは、分権の「受け皿」が整備されていないことだとされてきた。地方六団体などはこうした「受け皿」論は地方への権限委譲を阻止するための中央省庁の口実にすぎないとしてきた。しかし、分権が現実のものとなるに及んで、これらの委譲された権限を住民のために活用するためにも、改めて地方自治体の行政体制の整備が問われることになった。同時に、国が痛みを伴う行政改革をしているにもかかわらず、地方公共団体の行政改革への取り組みが不十分であるとの国民の懸念を払拭する必要もあった。

地方分権の推進に応じた地方公共団体の行政体制の整備及び確立の検討は、地方行政体制等検討グループが中心となって行い、第二次勧告に盛りこまれた。地方分権推進委員会は地方公共団体に対して直接的に改善策を提案する立場にはないので、地方分権推進法第七条第二項で規定されているように、地方公共団体の行政体制の整備及び確立に資するため、国が地方公共団体に対して講じる支援策の検討を行い、勧告を行った。

地方行政体制の整備に関する勧告の柱は、地方行革の促進、広域行政と自主的な市町村合併の推進、国と地方との人事交流の改善、地方議会の活性化などを図ることに加えて、クリーンで公正な開かれた地方自治を展開するための具体的施策を国に対して求めたことである。行政改革の促進方策としては、例えば国が各地方公共団体に対して内容の数値化を盛りこんだ年度行政改革実施計画や定員適正化計画の策定を求めていることなどが挙げられるし、公共事業発注の透明化については建設、自治両省によって各都道府県知事に対する通達が出された。また、各地方公共団体に対しては、住民自治の確立を図る観点から住民参加の促進を促し、すべての市町村における行政の情報開示をすすめる情報公開条例のすみやかな制定、透明公正な行政のための行政手続条例の制定、公共事業の発注をめぐる透明化などの措置を求めている。

地方分権推進委員会は以上のような観点から検討を重ね、勧告を行ったわけであるが、いずれの分野にも共通していることは、所管省庁との合意を得ながら検討を進め、勧告を行ったことである。こうした手法に批判がなかったわけではないが、地方分権推進法第一〇条第一項は同委員会が地方分権推進計画の作成のための「具体的な指針」を内閣総理大臣に勧告することを任務としたため、現実的かつ実行可能な勧告を行うことが求められたのである。大胆かつ斬新な改革案であっても、関係省庁の合意が得られていなければ、内閣は「最大限尊重」の閣議決定を行えないため、当然の手法であったといってよい。

地方分権推進委員会は一九九六年三月に「中間報告」を、同一二月に第一次勧告を、そして翌年七月に第二次勧告をまとめ、さらに八月に第三次、一〇月に第四次の勧告を内閣総理大臣に提出した。こうした分権委員会の勧告を踏まえ、政府は地方分権推進計画の作成に取りかかっているが、分権委員会は勧告に対する取り組みについて各省庁のヒヤリングを続けると同時に、市町村への権限委譲について新しい検討に入っている。地方分権は議論から実行の段階に入ったといってよい。

五　残された課題の処方箋

冒頭に述べたように、行政改革は政治システム全体の改革と深く連動している。行政改革が実現されなければ、政治改革は不十分に終わるし、選挙制度改革の意義も損なわれることになる。また、行政改革とは決して省庁の統廃合や特殊法人の整理合理化といった機構改革だけを意味するものではなく、実際面における規制緩和や地方分権などによって中央政府そのものが効率化、スリム化されなければならないものである。政府が今日までの行政改革委員会や地方分権推進委員会における議論や答申、勧告を完全実施すれば、行政改革は大きな一歩を踏み出すことになる。省庁の統廃合はそうした改革の総仕上げになるものといってよい。

もちろん、行政改革を完結させるには、行政改革委員会や地方分権推進委員会の答申や勧告の実施だけでは不十分な点もある。とりわけ、財政構造の抜本改革を行わない限り、政府は真にスリム化しない。先に述べた『財政構造改革の推進方策』は膨大な財政赤字を減らすための具体策ではあるが、本格的な財政構造改革を行うには不十分といわざるをえない。しばしば指摘されることであるが、国税と地方税との歳入比率が二対一であるのに対し、歳出ベースではその比率が逆転している。この間、膨大な財政移転が行われているが、こうした乖離を可能な限り是正しなければならない。

一方、行政改革で一定の前進が見られても、それだけで政治改革がなし遂げられ、完結するものではない。行政改革は政治改革の重要な一部ではあるが、すべてではないからである。政治改革を推し進めるためにはこうした行政改革を実現することに加え、政党の改革を含めた国会改革を行わなければならない。改革とはすべての改革がワンセットとして実現されて初めて完成するものであり、一つの改革が滞っただけでも全体の改革に支障をきたす。

冒頭に論じたように、政治改革を行わなければならない最大の理由は、迅速かつ適切、そして責任が明確な、政治主導の政策決定を可能にするためである。行政改革の一環として内閣総理大臣の権限強化が必要とされているのもこのためである。しかし、政治全体が行政に対して名実ともに優位に立つには、主権者である国民の代表から構成される国会そのものが抜本的に改革されなければならない。言い換えれば、内閣総理大臣を中心とする内閣が政策の提案者であっても、国会が政策決定の実質的な場にならなければならないのである。

従来の国会の問題は、審議そのものよりも手続に多大な時間が費やされ、実質的な議論が行われなかったことである。しかし、行政改革によって政府がスリム化されるとともに、内閣総理大臣の権限が強化されれば、それをチェックする国会の機能が一段と強化されなければならない。とりわけ野党は、政府によって提案される法律案を精査し、問題点を指摘するとともに、場合によっては対案を提示しなければならない。国会をそのように活性化するためにも、各政党はいわゆる党議決定のあり方を見直し、過度な党議拘束を慎まなければならないのである。

いわゆる五五年体制の末期から細川政権にかけて、選挙制度改革を中心とする政治改革が大きな政治課題として取り上げられた。その一方、細川政権から橋本政権にかけて、政治の強いイニシアチブによって規制緩和や地方分権といった課題が政府の第三者機関によって本格的に議論されてきた。そして、第二次橋本政権では行政改革が最大の政治課題として議論されることになった。一見、政治改革と行政改革は別の問題のようにみえるが、規制緩和や地方分権を含めた行政改革はあくまでも政治改革の柱の一つであり、衆議院の選挙制度改革と並列的な関係にあるものなのである。

第九章

統治システムでの政治主導行政の確立

一　現行憲法体制の徹底診断

二〇〇五年小泉内閣の郵政選挙で自民・公明の与党は三二七議席を獲得、総議席四八〇の三分の二を超えた。一九五五年の左右社会党の統一、自由党、日本民主党の保守合同による自由民主党の結成によって五五年体制がスタートして以来半世紀を経て、総議席の三分の二を超える与党が誕生したのは一九九九年から半年間続いた自民、自由、公明の三党連立内閣であった小渕第二次改造内閣に次ぎ二度目のことである。

一方、二〇〇七年参院選で自民・公明の与党獲得議席は四六議席に留まり、民主党以下野党の獲得議席は七五議席、与野党非改選議席を加えると、与党一〇五議席、野党一三七議席となり、与野党の議席が逆転した。野党第一党の民主党は統一会派を組む新党日本及び新緑風会各一名を加えると一一五議席となり、野党の中核として自民党と対峙することになった。この結果二〇〇七年秋の臨時国会以降、国会はいわゆる「ねじれ国会」となり、国会審議に様々な混乱が生じることとなった。

この結果、国会審議をめぐり新聞やテレビで「日切れ法案」、「つなぎ法案」（産経新聞はこれを「ブリッジ法案」と呼び、事実に即した適切な表現として使用が広がっている）、「吊るし」、「再議決」、「一事不再議」といった耳慣れない国会・マスコミ界特有の用語が飛び交うようになり、さなきだに国政が混乱しているような印象を国民に与え、結果として国民の政治不信を増幅する原因になっている。

しかし、このような混乱の大きな原因のひとつは、実は現行憲法の規定の中に起因している。周知のように現行憲法は戦争直後社会的混乱の中でＧＨＱ（連合国最高司令部）より提示されたマッカーサー草案をもとにあわただしく作成されたものである。しかしその際、日本側憲法草案起草者たちが戦後日本の統治システムにとって不可欠と考えて挿入した歯止めが今思いもよらぬ国会審議の波乱要因になっている。

マッカーサー草案の一院制と憲法起草者たちが期待した第二院の役割

無条件降伏を要求するポツダム宣言の受諾にあたってわが国政府が受諾の条件としてつけ加えた、天皇の国家統治の大権維持、つまり国体、天皇制護持は、連合国側から日本は占領下連合国最高司令官の支配下におかれ、最終の統治形態は日本国国民の自由に表明する意思により決定されるべきものであるとして拒否されたが、憲法草案の起草者たちの最大の関心事はこの天皇制護持をどう憲法に盛り込むかであった。

戦争直後、東京・大阪・名古屋の三大都市圏をはじめ県庁所在地の大半は戦災で焦土となり、厳しい食糧事情から米よこせデモをはじめ国民の不満は限界に達していた。街には復員兵士があふれ、占領軍の指導もあって官業・民間を通じて労働運動は激化し、獄中から釈放された共産党の細胞のこれら組織への浸透も力となって日本全体が革命前夜のような様相を呈していた。

終戦処理を目的とする東久邇内閣に代わり、憲法改正の中心となった幣原内閣や東久邇内閣における副総理格であり当時宮中にあって天皇を補佐する内大臣府の近衛文麿を中心とする有識者たちは、貴族院を改革することによって万一衆議院が過激な革命勢力によって過半数を占められた場合の防波堤にしようと考えた。しかし、彼らは英国流の議院内閣制に移行するのはやむを得ないと考えながら、当初はそれなら明治憲法の改正ででも対応できるとさえ考えていた。現在の時点で明治憲法を読み返してみれば、この改正で乗り切れるとは到底思えない。事実これはたちどころに総司令部によって打ち砕かれた。いわゆるマッカーサー草案で示された原案では国会は一院制であった。日本はすでに華族制度がなくなったので貴族院の存在意義はないし、連邦国家でもないからその必要はないという至極当然な発想に基づくものであった。しかし第二院の存在は日本側憲法起草者にとっては譲れぬ一線であった。一院制議会ということはその一院の議決のみによって天皇制の廃止が可能になることを意味する。憲法制定者にとってこれまでのままというわけには行かないとしても、第一院の暴走の防波堤となる貴族院に替わる第二院の存在は死守しなければならなかった。

それが第九条の戦争放棄条項を挿入することとの交換条件であったか否かは別として、最終的に二院制は認められたものの直接公選という枠をはめられた。そのなかで模索したひとつの結論が、衆議院の優越を保障する四項目を除いて第二院の権限を第一院なみに強化することによって第一院の行き過ぎに待ったをかけることであった。

政党政治の第一院の抑制役として

憲法起草者たちが元来想定した貴族院とは具体的には世襲の皇族議員、華族議員および勅任議員、多額納税議員を除いた、一代限りの国家に勲功学識ある高級官吏、帝国大学教授、民間人の一部などで、選任あるいは互選された者から構成されるものだったと思われる。最終的に認められた参議院における選挙制度が発足の時点では全国を一選挙区とする全国区と各都道府県を一選挙区とする地方区の二本立てで構成されたのも、前者によって全国的学識経験者、後者によって都道府県単位の学識経験者の選出を期待した上でのことであった。

注目しなければならないのは天皇制護持という言葉によって当時の憲法制定者たちが天皇陛下ご自身のご身体の安全と栄誉の維持を考えていたことは明らかであるが、同時にそれ以上に明治憲法下における官僚主導行政の維持を考えていたことも間違いない。立憲政治の確立という名で拡大していく政党勢力に対してこれをいかにして阻止し官僚政治を護るかという戦いが明治憲法下のわが国の統治システムの歴史であった。しかも官僚の行政権は日華事変以降戦時体制の強化を通じて著しく拡大していたのである。

第二次世界大戦が終わって半世紀が経過した。今〔二〇〇八年〕改めて現行憲法体制とこれから目指すべき統治システムのあり方について徹底検討を必要とする時期が来た。憲法体制というとすぐ第九条と短絡的に結びつける時代ではない。現行憲法体制における衆参二院のあり方、明治時代以来続いている官僚主導行政の改革、国と地方の役割分担さらには政治腐敗阻止のための徹底的検討等避けて通れない日本における統治システムのあり方についての吟味は緊急の課題である。

二　〝ねじれ国会〟の混乱と現行憲法体制

二〇〇八年一月三〇日、福田内閣の最初の通常国会で二〇〇八（平成二〇）年度予算と道路特定財源の一般財源化（歳入関連法案）をめぐり与野党対立は頂点に達した。なぜそれが一月三〇日だったのか。予算案は年度内に通過・成立しなければならない。もっとも継続的な日常の行政事務については新年度に縺《もつ》れ込んでも慣例として一週間以内の予算空白は許されるが、それを過ぎれば暫定予算を組まなければならない。暫定予算には制約が多いし、政治的駆け引きも加わってその通過も容易ではない。さらに忘れてならないことは国会で通過成立した法案の多くも、この実施に必要な予算が通らなければ絵に描いた餅で事実上執行できないということである。

ねじれ国会下での与野党激突の最重要法案の審議であるから、いずれも参議院で否決される公算は強い。護る与党、攻める野党、いずれにとっても正念場であった。

両院が異なる議決をしたときどうするか、現行憲法の用意している解答は、両院協議会を開催して話し合いで結論を出すか、特定の条件の下で衆議院の議決をもって国会の議決とするか、あるいは、特定の条件のもとで衆議院の特定の割合以上の賛成で再議決するかの三方法である。

憲法は予算の先議と予算の議決に加え、首相の指名、条約の承認、法律案の議決の四項目について、それぞれことの重要性に応じて軽重をつけた上で、衆議院の優越を認めている。

最も大切な首相の指名については衆参両院が異なる指名をした場合、両院協議会でも意見が一致しないとき、又は衆議院が首相の議決をした後、参議院が一〇日以内（ただし国会の休会中の期間を除く、以下三項目とも同様）に首相の議決をしないとき、いずれの場合も参議院の意思とは関係なく衆議院の議決を国会の議決とすると定めている。衆議院の再議決は必要ない。このような一定期間参議院が議決しないため、参議院がこれを否決したと見なすことを〝みなし否決〟と呼び、参議院の意思と関係なく衆議院の議決が国会の議決となったときは〝自然成立した〟という。

予算についても衆議院の優越、つまり衆参両院の議決が異なり、両院協議会を開いてもよいがその意見が一致しないとき、または参議院が衆議院の可決した予算を受け取った後三〇日以内（国会休会中の期間を除く）に議決しないときはこれをみなし否決として参議院の意思とは関係なく衆議院の議決が国会の議決となる。つまり自然成立となる。条約の承認についても予算と同じ扱いを受ける。

それでは、首相指名、予算、条約の承認以外の法律案についてはどうか。参議院が衆議院の議決した法律案を否決したとき、あるいは衆議院が議決した法律案を参議院が受け取った後、六〇日以内に議決しなかった場合、衆議院は出席議員（議員定数あるいは在任総議員数ではなく）の三分の二の多数で再議決すれば法律案は成立する。ただし五五年体制成立以来自民党の長期一党支配体制の下で、自民党政権は参議院で過半数を割った場合も、野党の多党化を背景にそのつど衆参にわたり個別的に形成された複数野党との提携、あるいは野党提案を丸飲みすることによって法案の成立を図り、今回のようなねじれ国会で衆議院の再議決を必要とするような場面は生じなかった。

衆議院の暴走と抑制装置の仕組み

憲法起草者たちは衆議院の暴走、天皇制廃止の議決を防ぐためにもみなし否決に必要な期日は一般的に見て限度いっぱいの二カ月、六〇日、再議決に必要な多数も三分の二として歯止めをかけたものであろう。なお彼らが参照したであろう米国の大統領と連邦議会の関係についてみれば、米国では国家元首は大統領であるから、上下両院を通過した法案は大統領の下に送付されその署名を得てはじめて法律となる。しかし、もし大統領がこれに反対の場合には署名を拒否し、一〇日以内（ただし日曜日を除く）に理由を付してその法案を起案をした院に回付する。これを大統領拒否権（**veto**）という。これに対し、上下両院は修正案を大統領に再送付する、この場合は上記手続きの繰り返しになるが、大統領の修正意見を認めがたいときは上下両院それぞれ三分の二の多数で再議決すれば大統領の署名なしに法律となる（**override**）。

なお、連邦議会から送付された法案が休会まで一〇日以内の場合は、大統領は署名しないで放置したまま休会入りとなり廃案とすることもできる。これがポケット・ヴィートー（pocket veto）と呼ばれるものである。米国の大統領の拒否権に対する議会の再議決要件は一〇日であるのに対し、わが国の参議院の否決に対する衆議院の再議決要件の日数は六〇日になっている。現行憲法起草者たちが日数と議決の要件をぎりぎりにまであげることによって、彼らの考えた第一院・衆議院の暴走を抑えようとしたことがうかがわれる。

両院協議会について憲法は、衆議院が可決し、参議院がこれと異なった議決をした場合、法律の定めるところによりという条件付きで、衆議院のみに両院協議会の開催を求める権限を与えている。もっとも国会法は、参議院先議の法案が衆議院で修正され、参議院に回付され、これに同意し難い場合のみ、参議院もその通知とともに衆議院に両院協議会の開催を求めることができるとしているが、衆議院はこの請求を拒むことができる。国会法およびこれに準ずる衆参それぞれの議院規則で衆参双方同数ずつの議員がそれぞれその院の議決に賛成のものから選ばれることを定めている。しかも、国会法は、協議案が出席協議員の三分の二以上の多数で議決された場合に限り成案になると定めている。衆参両院の議決が異なった場合、両院協議会の開催が両院の合意成立の上で有効な機能を発揮するとは到底考え得ないが、衆参議決が激突する、例えば、天皇制の存廃にかかわるような議案については、両院協議会はこれを阻止する強力な防波堤になりうる。

一九四七年から五五年までは憲法起草者たちの狙い通り、衆議院の与党が参議院では過半数を割り、高級官僚、全国組織の代表、文化人等から構成される参議院だけの独立会派緑風会が参議院のキャスティング・ヴォートを握っていたから、その存在によって頻繁に両院協議会による政府提出案の修正が行われていた。しかし、五五年体制の成立以降は衆議院の与党は参議院でも多数を制するようになったので、その機能は全く果たしていない。

一九九四年、細川内閣の提出した政治改革四法は参議院で与党社会党と野党自民党のそれぞれ一部造反議員の反対で否決された。国会最終日前日開催された両院協議会も膠着状態で夜を迎え、水面下の交渉でようやく合意が成立し、深夜細川首相と野党自民党の党首河野洋平総裁とのトップ会談が、テレビで全国に放映される中で調印が行われた。これを受けて両院協議会もこれを追認し、国会最終日ようやく衆参両院を通過、成立した。

国会運営の諸手続きだけでなく衆参両院の選挙制度においても時の勢いで過半数政党が成立することがないよう工夫が凝らされていた。小党や無名の候補者の当選を有利にすることを狙った衆議院の制限連記制が一回限りで中選挙区制に復帰することは想定外であったろうが、この選挙制度が中選挙区制同様、一種の比例代表制で構造的に中選挙区制以上に小党分立をもたらすことは現実にわれわれが経験したところである。参議院も全国区は小党、一人一党、無所属の大量当選をもたらし、任期六年三年毎半数改選も急激な民意の変動に左右されないといった効果を狙ったものであった。

野党の有力な武器としての「吊るし」

さて二〇〇八年一月三〇日、与野党対決が頂点に達したのは、両者最大の争点、道路特定財源の本則に定めた税率を暫定的に二倍にするという暫定税率を定めた法律がほとんどは年度末三月三一日で有効期限が切れる「日切れ法案」であったためである。この日を過ぎると、見なし否決六〇日を計算に入れると、例えば国民生活に直結しているガソリン税は年度が替われば暫定税率分は失効、その分だけ値下げになる。与党は三分の二の議席を擁しているから六〇日経過後再議決すればよいはずであるが、一度下がったガソリン料金が再値上げになり、国民の不満は高まり、特に車が生活必需品である与党の地盤農村地区を直撃し、前年参議院で示された農村票の離反をさらに加速し兼ねない。内閣の切り札である解散権の行使などは難しくなる。

そのため与党は参議院の否決を見越し五十数年ぶりの再議決を前提に、年度末三月三〇日成立を目途に見なし否決の六〇日ルールから逆算して、一月三〇日衆議院で強行採決を図ることを決定した。同日、財務金融委員会の開催中議事運営をめぐり与野党対立して騒然とする中で、河野洋平、江田五月衆参両院議長の斡旋案が提出され、与野党の物理的対立も招きかねない緊張は一応回避された。

もっとも、一度は受け入れられた衆参両院議長の斡旋案も、その後の両院における与野党対立の結果、実際には実現しなかった。道路特定財源もさることながら、予算の成立については、参議院が仮に衆議院から送付された予算を審議することなく放置しても自然成立する二月二九日を前にして与野党の歩み寄りが成立して、前日の二八日、先ず衆議院で予算委員会に上程、本会議で議決、直ちに参議院に送付、参議院はこれを受けて緊急本会議を開催、野党多数でこれを否決、両院協議会を経て同夜二〇年度予算は二月二九日を待つことなく成立した。

一方、道路特定財源のほうは現実に経験したように四月一日暫定税率分が値下げとなり、一ヵ月後二法案が復活して元の税率に復帰、折から国際的な投機によってガソリン価格がうなぎのぼりに上昇しつつあったから、ガソリン自体の価格の騰貴分にも暫定税率分が加算され、ガソリン代は暫定税率失効以前よりも高騰し国民生活に著しい影響を与えることになった。

ところで、この予算の三〇日、一般法律案の六〇日ルールを裏返しに読めば、野党多数の参議院は衆議院から送付されてきた予算を三〇日以内、法律案なら六〇日以内審議しないまま放っておくことができることになる。これを「吊《つ》るし」と呼び、五五年体制下でも野党の有力な武器となり、しばしば政府与党を苦しめた。

国会運営の中での会期制と一事不再理

わが国の国会は会期制をとっている。西ヨーロッパにおける議会の歴史からすれば、議会とは元来君主が特定の案件、多くは増税について封臣の同意を取り付けるために召集したものであったから、予め会期が定められていた。しかし現代では英国は通年会期制をとっているし、米国は下院の任期に合わせて二年間を会期とし、前半一年と後半一年の二期に分けている。今日では多くの国で通年国会が一般化しているが、わが国憲法は国会を常会と臨時会及び特別会に分け、さらに総選挙後三〇日以内に、国会を召集しなければならないとしている（憲法五四条、国会法二条の三）。憲法は臨時会の召集権は内閣にあるとしている。しかし会期については、国会法は常会を一五〇日、臨時会・特別会は両議院一致の議決で定めるとしている。帝国憲法時代は、会期は現在の五分の三、三カ月とされ勅命によって延長することができた。戦前は議員宿舎がなかったから一般的には議員は年初会期中、議会周辺の邸宅の一室を賃借し、資産家の場合は議会周辺の一流のホテルに滞在していた。

通常の法律案は、残る会期が六〇日以内になると厄介な問題が生じる。会期末まで審議未了の法案はその法案が審議中の院の多数により次の国会まで継続審議の議決がされない限り廃案になる。与野党対決法案が、野党多数の参議院で継続審議の議決がなされることは期待できない。上述の道路特定財源の例を挙げれば、与党は参議院での野党の六〇日間の「吊るし」を見越して、両法案が三月三一日に再議決できる余地を残せるように、その六〇日前の一月三〇日に衆議院を通過成立させ、参議院に送付しておこうとしたわけである。しかし五五年体制成立以来、再議決されたことは一度もないから、野党はもちろんマスコミの多くも再議決は慎重にということで、問題化したわけである。

もうひとつは一事不再議の問題である。両院とも一度審議したものは、否決されたらその会期中もう一度審議することはしない。審議継続中の法案については、与野党が合意して継続審議の決定をすれば次の会期で審議が続けられる。しかし、合意が成立しなければ廃案になる。ところがこの一事不再議も使い方次第で、与野党の死命を制するような問題になる場合がある。

例えば、もし衆議院で野党の反対している法案を審議中、参議院で野党側の主張を盛り込んだ同じ問題を対象とする法案を議員立法で議決し衆議院に送付するとする。これに対して、衆議院が参議院で議決した議員立法の法案を否決して政府提出法案を可決、参議院に送付しても、参議院が一事不再議と決定した場合、果たして六〇日ルールに従って六〇日後に再議決できるのであろうか。既に審議の終了した法案を見なし否決の対象とすることの可否の問題である。

また参議院で議員立法が成立した時点で、衆議院はこれを衆議院で審議中の政府提出法案を否決したものと捉え、これを再議決してもよいのか。参議院の議員立法を内容から見て衆議院に提出されている政府提出法案と同じと考えれば衆議院で可決して参議院に送付した法案の審議を求めたら一事不再議となろうが、法案の名前や提出者が異なるから別の法案とすれば一事不再議にはならないことになる。衆参両議院の各法制局、与野党に老練な政治評論家も巻き込んで非公式に種々検討がされたが、高度に政治的なホットな問題であり、先例もないので結局、一致した結論はでなかった。

こうしたさまざまな手練手管を使うことができるが、使いすぎると、国会はなにをしているのだという世論の批判・反発が起こってくる。前述の政府与党が一度は両院議長提案を呑んだのは、強行して「衆議院の多数の横暴で国会の審議を抜きにするとは何事だ」という批判を受けたくなかったからであろう。今日の政治は、世論がどちら側の肩を持つかによって国会の審議がさまざまな影響を受ける。与野党それぞれの受け取り方も、政局が選挙間近かどうかによってその度合いが違ってくる。しかし、現行憲法が衆議院の暴走を制止するために挿入した歯止めが、時代が変わって思いがけない国会審議の混乱をもたらしていることも事実である。

三　官僚主導行政の国から政治主導の国へ

日本は議院内閣制の国とされている。何をもって議院内閣制と呼ぶかはそれほど簡単な問題ではない。少なくとも国民の直接公選による一院を持つ議会を有し、首相とその閣僚によって構成される内閣が行政権を握り、首相若しくは内閣が議会に責任を負う統治システムと理解するなら、わが国も立派な議院内閣制の国であり、世界には議院内閣制の国は沢山ある。ドイツもこの定義に当てはまるし、フランスも条件付ではあるが広い意味では議院内閣制の中に入るかもしれない。しかし、望ましい統治システムとしての議院内閣制ということになると、多くの場合、理念型として純化された形でのアングロサクソン系の政治学者のいう「ウエストミンスター・システム」と呼ぶ、イギリス型議院内閣制を指すことが多い。

政党政治の枠組みをめぐって

冒頭で触れた通り、現行憲法の起草者たちは初め英国型議院内閣制への移行を考えた。大陸法の教育を受けた彼らが英国流の議院内閣制をどの程度理解していたかはともかくとして、確かに大正末期、加藤高明護憲三派内閣の成立から犬養毅内閣まで一〇年足らずではあったが、憲政の常道に従って政党内閣が組織されたことは事実である。これに先立ち政党政治への道を切り開いた原敬内閣は、就任と同時に知事以下地方官について、政友会に対する忠誠度に応じて大幅な更迭を行ない、その移動が地方行政の末端にまで及び、果ては村の駐在所の巡査まで政友か民政かで移動させたと揶揄《やゆ》された。

選挙制度改革をはじめ戦争直後の一連の法制改革の任にあたった旧内務省系高級官僚が、戦前の有力政党政治家に対し著しい敵意を示したのも、このことと無関係とは思われない。一九四六年四月に行われた戦後第一回目総選挙の選挙制度、制限連記制が戦前戦中の有力政党政治家の進出を阻止する目的で導入され、占領軍の公職追放令と相まって著しい小党分立の結果に終わった。もっとも翌年四月の現行憲法下第一回目の総選挙は会期末に突然提出された議員立法で戦前の中選挙区制への復帰を決定した。

いずれにしてもポツダム宣言を受諾し、GHQによる占領が始まってみると、戦勝国の矢継ぎ早の有無を言わせぬ終戦処理策や民主化政策の指令の前に、内閣以下現行憲法改正作業やその関連法規の制定に関係した官僚たちは、完全に武装解除された日本の置かれた地位の弱さを思い知らされた。彼らが天皇の国家統治の大権維持が、もはや不可能なことを理解するのに時間は要らなかった。また彼らの若手の中にはそのこと自体に必ずしも賛成でなかった者もいた。いずれにしても彼らが〔目標の〕天皇制の維持を、明治憲法下の天皇の官僚による官僚主導行政の維持に置き換えることは自然の成り行きであった。

しかし、憲法改正作業の指令に対し、一八九九（明治三二）年、第一回万国会議で採択され、わが国も一九一一（明治四四）年批准、翌年公布したハーグ陸戦法規第四三条（「国の権力が事実上占領者の手に移りたる上は占領者は絶対的の支障なき限り占領地の現行法律を尊重してなるべく公共の秩序および生活を回復確保するため施しうべき一切の手段を尽くすべし」）の規定違反ではないかと抗議した記録は残っていない。彼らが、憲法あるいは関連法規の条文の中に日本特有の解釈法学的文言を挿入することによって、マッカーサー草案に制約を加えていったことは事実であるが、原則論について正面きって抗議した政府関係者の存在はあまり知られていない。

分担管理――省庁別縦割行政の始まり

明治憲法においては首相も閣僚も国務大臣として等しく天皇に責任を負った。英国の議院内閣制の揺籃期同様、首相は内閣における同輩中の主席に過ぎなかった。憲法制定に先立つ一八八五（明治一八）年の内閣制度創設に当たり、「内閣職権」において内閣つまり行政権は天皇の直轄とされ、各国務大臣は輔弼の任を果たすと規定された。閣僚の任免は天皇に対する首相の進言により、首相は首班として基本政策の方向性を指示し、閣議を総括し、議事を整理するとともに行政各部の執務を監督するとされていた。

しかし、一八八九（明治二二）年、明治憲法制定に伴う「内閣官制」（第一、二条）では行政権が天皇に帰属し、各大臣は直接天皇に責任を負うことを明確化しながら、議会の創設に伴い政党政治は天皇主権とは相容れないとの伊藤博文の主張も相まって憲法の規定（憲法第五五条）にもとづき、首相には首班として閣議を総括し、議事の整理にあたることと、行政各部の統一の保持を求めながら、閣僚の任免権は削除された。

もっとも議会政治が始まると政党の協力なしにはその運営が不可能なことは直ちに明らかになったか

ら、一九〇〇（明治三三）年、伊藤自身が立憲政友会を結成、総裁に就任、同党を与党として第四次伊藤内閣を組織した。また首相は現実には組閣に当たり閣僚の選任権を持っていたが、首相も閣僚も天皇が直接任命する最高位の官僚、親任官であり、各省主任の大臣として首相に異を唱えそれを固執する閣僚が出ると、首相には閣僚の罷免権は与えられていなかったから、天皇に内閣の統一性を保持できないとして内閣不統一を理由に辞表を提出、内閣総辞職をする外はなかった。しかも次期首相の任命権、天皇の大命降下は元老、重臣の上奏によったから、首相の政策継続の保証はなかった。旧憲法下の歴代内閣が何れも短命だった理由である。国運をかけた太平洋戦争勃発から敗戦まで僅か三年半の間に首相は三人も代わっている。

ここで注目しなければならないのは、この内閣官制（第六条）で主任大臣はその所見により、案件の如何を問わず、首相に提出して、閣議を求めることができるという条文が、憲法改正と並行して制定された内閣法第四条としてほとんどそのままの形で継承されていることである。天皇に帰属する行政権は各省主任の大臣が輔弼する。天皇の手を離れ、輔弼の責任を解かれた各省主任大臣の所管する省庁は所管行政について最高の行政機関となった。今日に続く戦後省庁別縦割り行政の始まりである。

当初ＧＨＱの担当官は、三権分立の立場から首相を行政権の首長と捉え、内閣における閣僚に対する統率的地位の明確化を提案したというが、内閣法制局の官僚は行政権は首相ではなく内閣という合議体にあり、その合議体である内閣は閣議を通じて政策を決定すると抵抗して譲らず、主任の大臣の間における権限についての疑義は、内閣総理大臣がこれを裁定する（内閣法第七条）という条文についても「閣議にかけて」との文言を挿入し、首相に閣僚に対する統率的地位を認めることに反対したといわれる。かくして内閣法制局は分担管理の原則を継承し、天皇の統治大権の維持という名の官僚主導行政を継続することに成功したわけである。

分担管理の原則がある限り、首相は主任の大臣、例えば財務大臣を飛ばして主計局長を呼び直接指示することは許されない。唯一の例外が「著しく異常かつ激甚な非常災害が発生した場合」（災害対策基本法）に首相が緊急災害対策本部長に就任した場合であるが、村山内閣の阪神淡路大震災のときですら、野党の要請にもかかわらず、これより一段下の小里貞利国務相を長とする非常災害対策本部が設置されるに止まった。

四　戦後復興と官僚主導行政の再編過程

第二次大戦直後のわが国公共政策の緊急最大の課題は、食糧危機を乗り越えるための化学肥料の増産、工場の操業に不可欠の動力源・石炭の増産と電力供給の増強、工場及び生産設備の再建のための鉄鋼の生産とこれらに必要な資金の捻出であった。

第一次吉田内閣は一九四六年に経済安定本部・物価庁を新設、翌四七年には復興金融公庫を設立、傾斜生産方式に基づいて徹底した政府主導の経済再建が行われることとなった。傾斜生産方式とは、限られた資材と必要な資金を重点領域に集中的に投下し、これを起動力として生産の拡大を図るというもので、第二次大戦中軍需生産に活用された価格差補給金制度と一体となったものである。例えば、ＧＨＱの許可により輸入された重油を優先的に鉄鋼産業に配分、生産された鋼材を、価格差補給金を支給して、原価以下の価格で優先的に石炭企業に売却させる。石炭企業はこれまた産出された石炭を、価格差補給金を得て、原価以下で鉄鋼企業に売却し鉄鋼の増産を図る、あるいは化学肥料企業に売却し肥料の増産を図るといった仕組みである。

この復興金融公庫の融資・補給金は、復金債でまかなわれたが、その約七割は日銀引き受けであった。融資や価格差補給金の割合、対象となる業界、個別企業の選別や配分は、政府・所管官庁の裁量下にあったことから、やがてＧＨＱの派閥抗争も巻き込んで、片山・芦田内閣の要人も含めた昭電疑獄を引き起こしたばかりか、裁量行政に伴う数々の腐敗をもたらし、加えて復金債の乱発により、新円切替えの直後であったにもかかわらず片山・芦田内閣は激しいインフレに苦しむこととなった。

占領期を中心として戦後の統治システムを構築した吉田茂首相は、自身も官僚出身であったため、マスコミから定期異動と揶揄《やゆ》されたように次官・局長並に頻繁に内閣改造を行った。さすがに、後に日本の高度経済成長を導入した池田勇人、高度経済成長の総仕上げをし、沖縄返還に成功した佐藤栄作の両人のように、議席なしでいきなり次官から閣僚に登用し、次の総選挙で議席を持たせた例は特別としても、主要官庁の次官・局長経験者を次々に立候補させ、当選後抜擢入閣させて占領下の激変に対処する行政を処理させた。他方、有力党人にも閣僚の地位を与えて首相への求心力を強化し、苦手のしかも首相とっては多分些事《さじ》であった党は、これら党人派に任せて長期政権を維持した。それはまた日華事変以来の戦時体制の形を変えた官僚主導行政の強化・再編の過程に他ならなかった。

これに続く左右両派社会党の統一と自由民主党の保守合同で始まる五五年体制は、政策形成という見地から見ると、戦後の経済復興に続く高度経済成長政策の推進とその終焉に至る歴史でもあった。一九六〇年、池田内閣の所得倍増計画が発表され、社会資本の整備充実と産業構造の高度化を柱とする高度経済成長政策がスタートをきった。それは戦後復興計画の継続としての産業政策と財政金融政策を計画達成の政策誘導手段として進めようとするものであった。第二次大戦直後、吉田茂首相に見出され大蔵大臣として入閣、戦後復興を財政金融面から支えてきた池田首相の官僚に対する睨みは行政の隅々まで及んでいた。所得倍増計画の具体策が国土総合開発法（一九五〇年制定）に基づく同内閣の第一次全国総合開発計画、一九七〇年を目標年次とするいわゆる「地域間の均衡ある発展」を謳《うた》った一全総である。さらに一九八五年を目標年次とする佐藤内閣、実際の推進役は田中角栄幹事長であったが、「豊かな環境の創造」を掲げて策定された一九六九年の第二次全国総合開発計画、いわゆる新全総、この二つの開発計画を軸として推進された。この高度経済成長時代に結果として政治的に対応したのが五五年体制の前半である。

自社五五年体制下の選挙制度と社会の変化

自社五五年体制のもと自民党の保守一党支配が長期化するにつれ、自民党内の総理総裁候補を中心とする派閥の再編と抗争が激化していった。当時の衆議院の選挙区制度、中選挙区制は戦争直後の臨時国勢調査の結果にもとづき、定員を予め人口一五万人に一名の議員という基準に従って各都道府県の定数を算出し、各都道府県は算出された総数を定員三ないし五名（この制度の末期に一票の格差是正のため、一部都道府県で計四個の二人区および一個の六人区が作られた）の選挙区に区割りをし、単記相対多数で得票順に当選を決定していくというものであった。発足時の総議席数は四六六議席、選挙区数は一一七であった。

しかし、都道府県に対する議席配分が、終戦直後三大都市圏とともに県庁所在地以上の都市の大半が戦災を蒙《こうむ》り人口が著しく農村部に偏在している段階の人口分布によっており、しかも高度経済成長の結果農村から都市への大量の人口移動が生じたにもかかわらず、既得権として選挙地盤を守ろうとする議員の圧力で定数是正はほとんど行われなかったから、この時期衆議院は著しい農村の過剰代表、都市圏の過少代表となっていた。

この選挙制度で政権を維持するために四六六議席の過半数の二三四の議席を獲得しようとすると、最低一一七の選挙区で平均二名の議席の確保が必要になる。ただし、都市部の選挙区で二名当選させることは容易ではないから、現実には自民党の地盤である農村選挙区で平均二～三名の当選者を出さなければならない。この結果、政権政党である自民党は、農村部の各選挙区で複数の自民党候補者を立て、相互の間で激しい同士討ちが展開されることとなった。この結果、おのずと、それぞれが異なる総理総裁候補の支援を受けるようになり、結果として党内派閥抗争を激化させることになった。

池田首相の一全総は、経済発展に不可欠な道路港湾の建設、電源開発等社会資本の整備、欧米の軍事技術から民間産業技術に転換されたばかりの最新の技術の導入による産業構造の近代化を日指すもので、郵貯・年金等を原資とする財政投融資、税制優遇、選別された企業群の業界形成等の誘導手段を用いながら進められた。それが事前調整型裁量行政として精緻に発展したわが国特有の行政手法である。

こういった中で社会資本の整備つまり道路の建設・改良、河川の整備、ダムの建設といった公共事業は生産性の向上から取り残された農村を支える新しい成長産業となった。しかし、例えば道路ひとつをとってみても一般道路は旧建設省、農道と林道は農水省といった具合に、縦割行政の結果としてしばしば所管を異にする複数の省庁によって類似の事業が展開された。農村選出の多くの自民党議員は派閥の領袖の支援を受けながら、それぞれの選挙区を争ってそれぞれの省庁の政策誘導の受け皿とすることを通じて族議員化していった。さらに高度経済成長に伴って求められるようになった医療、福祉、介護や教育、農業振興あるいは農民の所得保障を目指す農地改良や米価政策等もこれに加わった。

それにもかかわらず自民党の議席の長期低落は続いていった。高度経済成長に伴う第一次産業の衰退と都市における第二次、第三次産業の発展に伴って雪崩のような人口移動にもかかわらず選挙区の定数是正は阻止されていたから、自民党の農村の地盤こそ安泰であったが、都市圏における自民党の議席は確実に減少していったためである。一方、都市においては激しい社会構造の変動に対応し野党陣営の多党化が急速に進んでいった。五五年体制の一方の相手社会党も労働組合への依存が高まり、鉄の三角同盟と呼ばれた国鉄、全逓、日教組は何れもどんな農山村にも存在する組織だったから、体質的には農村を地盤とする農村政党的性格を併せもつようになった。

国対政治・事前審査制への流れ

このような過程で自民党の構造も変わり始めた。高級官僚上がりの政策通ではあるが、党務には無関心な、あるいは党内派閥交渉に長け、地方政界に対する影響力は絶大であるが政策には疎い、戦後第一世代の実力者たちの世代交代が始まり、一方で党自体の組織化・官僚化が進み、高級官僚といえども入閣には一定の当選回数が求められるようになると、彼らはむしろ所管の業界団体をバックに参議院議員になる道を選ぶようになった。

国会議員の族議員化に伴って、彼らを支援する後援会も特定の行政領域について選挙区に公共事業や補助金をもたらす役割を期待するようになることから、後継者の選択についての発言権も高まった。派閥の側も派閥の維持拡大の見地からこれを後援し、結果として後継者は、二世か地方議会ですでに一定の評価を得た若手議員の選ばれることが増えていった。

一方、自民党の議席低減の結果、しばしば過半数割れも生じ、多党化した野党各党との政策ごとに組まれる部分連合で急場を乗り切る機会も増えるに従って、共産も含めこれら野党の中から自社主導の国会運営に対する厳しい批判の声が上がるようになった。部分連合の円滑化が国対政治の制度化の誘引となったのである。

国会対策委員会は、各党の国会対策委員会からなる国会外の非公式組織として国会運営の円滑化を図る交渉に当たり、国会の休会中などにおいては夫婦同伴の海外議会視察に出かけるなど親睦も図り、国会全体の法案審議状況や各党それぞれの優先順位等をも勘案し、合意形成をはかる組織として発展し、自民党においては入閣の条件となり、野党にあっては党幹部への条件となる重要な役職になった。各省庁も提出した法案を成立させるには、これら国会対策委員会の協力を得ることが不可欠となった。

各省庁は新年度の予算編成に先立って、その年度の重点政策を成立させるため、各省庁に対応して組織されている自民党の政務調査会各部会の部会長・副部会長以下各委員の許《もと》を頻繁に訪れてレクチャーを繰り返す。この過程で公共事業の発注権を握る官僚と法案の制定権を握る族議員、双方に対する受注企業の陳情という政官財の三角同盟が成立し、しばしばこれが政治腐敗の温床にもなった。

このような関係を通じて新しい世代の族議員の中には、いわゆるキャリアー官僚の領分であるその省庁の所管する行政の総合的位置づけや新しい政策目標についても理解しながら、ノンキャリアー官僚の領分である行政事務の具体的執行に至るまで通暁している政治家が出現してきた。国会審議を形骸化させている自民党政調部会の事前審査制の背後にはこのような現実がある。

五五年体制下のわが国国会はこのようにして生まれた国対政治と事前審査制の下で運営され、首相は派閥と族議員の圧力の下で各省庁の利害調整役に堕さざるを得なかった。ことに五五年体制末期になり、派閥の長が既に首相を退任した後も派閥を束ねる力は保持している例が出てくると、首相は派閥のオーナーではなく、派閥連立政権の特定派閥から内閣に派遣された調整役の観さえ呈するようになってきた。

五　政治主導行政確立への道程

一九九六年一〇月、政治改革によって生まれた新選挙制度、小選挙区比例代表並立制による最初の総選挙が行われ、自民党は過半数には足りなかったが第一党になった。この年正月早々、恐らくは住専処理の問題とのからみで突然退陣した自社さ三党連立の村山内閣の後を受けて第一次橋本内閣が成立したが、この選挙結果を受けて、社さ両党の閣外協力のもと自民党単独の第二次内閣を発足させた。そして橋本首相は所信表明演説で内閣の最重要課題として、「行政改革」、「財政構造改革」、「経済構造改革」、「金融システム改革」、「社会保障構造改革」の五大改革を掲げ（後に、これに「教育改革」が加わり六大改革になる）、そのうち特に「行政改革」を挙げ、内閣直属の「行政改革会議」を設置、民間の識者を集めて自身が会長となり、国家機能の強化、官邸の機能強化、中央省庁の再編等を内容として集中的に審議、早急に結論を出すことを明かにした。さらに記者会見でこれら諸改革には火だるまの決意をもって取り組み、新しい行政体制は二〇〇〇年一月をもってスタートするとして、手順・日程を限って決意のほどを示した。

橋本内閣と行政改革

橋本首相が行政改革、特に官邸の機能強化と中央省庁の改革を急いだのには、これに先立つ首相自身の経験に即した強い問題意識と危機感があった。新全総のもとにおける高度経済成長は目標年次を待つまでもなく達成されたが、一九七三年のオイル・ショック、グローバリゼーションとIT化の進行は、わが国の経済産業システムが欧米のシステムに対してキャッチアップの段階を終え、欧米並みの安定成長の段階に入ったことを示したものであった。

しかし、これに伴い、高度経済成長を推進した第二次大戦中の戦時体制、戦後復興の継続としての徹底した官僚主導による護送船団方式による事前調整型裁量行政は、至るところで軋《きし》みをみせはじめていたからである。さらに、一九七四年、田中内閣の最後の年には戦後初めてのマイナス成長を記録し、大幅な歳入欠陥が生じた結果、翌七五年度補正予算で一〇年ぶりの赤字公債の発行を余儀なくされた。

一九八一年、鈴木善幸内閣の掲げた「増税なき財政再建」を達成するために鈴木首相と同内閣で行政管理庁長官に就任した中曾根康弘の両氏は、土光敏夫経団連会長を会長とする行財政改革の方策を検討する第二臨調を発足させた。翌年、中曾根内閣に引き継がれ、二年間五次にわたる答申を提出し、総務庁の設置と国鉄・電電公社・タバコの公社民営化の決定に成功した。そして、この土光臨調の答申の具体化と実現を図る臨時行政改革推進審議会（行革審）が三年間の期限で連続三度設置された。

橋本首相は鈴木内閣の下で自民党行財政調査会の会長に就任し、土光臨調に対する党側の窓口になり、八六年には第三次中曾根内閣の運輸大臣として入閣し、国鉄の分割民営化に直接かかわった。丁度その頃始まったバブル景気は九〇年頃には絶頂に達し、天井を知らぬ地価高騰に対する効果的抑制策を求める声はマスコミをはじめ社会全体を覆った。

一九八九年、海部内閣の大蔵大臣に就任した橋本首相の地価抑制策実施の指示に対して、大蔵省土田銀行局長の金融機関に対する総量規制（不動産向け融資の伸び率を総貸出伸び率以下に抑える）及び三業種規制（不動産業、建設業、ノンバンク（住専を含む）に対する融資の実態報告を求める）の通達は、三重野日銀総裁の公定歩合利上げ決定と相まって、急激な景気後退、バブルの崩壊をもたらす誘因となった。なお、この不動産向け融資の通達は金融機関に限られ、ノンバンクである住宅金融専門会社と農林省所管の系統金融機関（農林中金、農協）は対象外とされたため、系統金融機関から住宅金融専門会社、不動産投資へと新しい資金の流れが生じ、後に住宅専門金融会社の不良債権悪化の問題に発展する。

当初、局長はこの総量規制及び三業種規制には反対であったが、橋本大臣、次いで海部首相の指示でこの通達に踏み切ったと言う。通達の効果で融資の引き上げが始まり、地価の急落が進むと借入金で土地投機を行っていた不動産会社、建設会社、ゴルフ場開発会社、ノンバンク等は借入金の返済不能に追い込まれ、土地を担保に融資を行った銀行やノンバンク自体も融資の焦げ付きで回収不能となり、金融機関の大型倒産に発展した。

橋本蔵相が局長に地価抑制策の実施を指示したことは確かであろう。しかし、橋本蔵相は金融経済の専門家ではない。少なくとも地価抑制策として総量規制の方策があること、それに金融界にあってどんな効果が予測されるのか、さらに通達が金融機関に限られ、住専や系統金融が除外されていること、そもそも系統金融が住専にかくも多額に貸し込むようになった事情等々について、十分に説明されていたのであろうか。大臣が指示し、次いで官邸からも指示があったとすれば、そのような問題を次官抜きで局長限りの専決で処理されてよいものか、局あって省なき官僚主導行政の実態が垣間見られる。

皮肉なことにその後の一九九五年、自民党総裁に選出され、副総理として橋本氏が村山内閣に入閣したが、その村山内閣を襲ったのが、バブル崩壊に伴う住専の破綻処理の問題であった。一般的には母体行の貸し手責任が厳しく問われた中で、銀行局長と農林省の密約により、系統金融機関の作った日住金は住専処理の対象からはずし、その上、預金者保護を名目に実際には系統金融機関の倒産を救うため、六八五〇億の財政資金の投入が決定され、年末、九六年度予算案に計上された。

そもそも系統金融を当時底辺で支えていたのは各市町村の単位農協であった。農協は公益法人である。したがって、その理事は企業とは異なり、無限責任である。理事はその市町村の名望家であるが、金融経営に関してはずぶの素人である。貸し手責任が追及されると、単位農協の負担責任額如何《いかん》では、理事も先祖伝来の田畑を売り払い、相続人は相続放棄を迫られることになりかねない。先述の通り、当時自民党の議員の六割近くが農村部を選挙区としていた。マスコミ世論の厳しい追及を受けて村山首相は退陣し、予算の成立は四月にずれ込んだが、この問題はとにもかくにも橋本内閣の手で処理される結果になった。

財政改革と縦割割拠行政

住専処理が一応の解決を見たということで、その頃まだ不良債権問題は水面下に隠れていたこともあって、表面的には景気は回復傾向を示していた。財政再建も橋本龍太郎が第二臨調以来深く関わってきた問題である。竹森俊平教授の「一九九七年――世界を変えた金融危機」によると、大蔵省は首相に住専処理をもって金融危機は終わったと説明していたという。首相がそれを信じたとしても不思議ではない。財政再建は痛みを伴う。財政再建に本気で取り組む首相など滅多に出るものではない。大蔵省主計局は願ってもないチャンスと考えた。総選挙直後、第二次橋本内閣の発足した九六年暮れ、「財政健全化目標について」の閣議決定が行われ、財政構造改革が始動し始めた。

銀行局内部では既に金融機関の不良債権問題の深刻化に対する公的資金の導入についての議論が行われており、財政再建が景気の回復に水を差すことにならないかと危惧しながら、住専処理であれだけ迷惑をかけただけに主計局にそれを指摘するわけにはいかなかったという。日銀も景気に水を差すことを恐れたが、同時に財政改革も重要課題として口出しを遠慮した。経済企画庁は翌九七年の経済予測について二兆円近い医療費の負担増の影響を加えることなしに、首相には織り込み済みとして説明し、それに基づいて医療費アップの閣議決定がなされた。

日銀も加え大蔵、経企及び各省庁各部局の縦割り行政の割拠主義と表面的な取り繕い、ことなかれ主義の弊害がむき出しにあらわれていた。当時の行政組織では橋本首相を補佐する政策ブレーンは政務の秘書官を除いてはいなかった。経済の分かるスタッフは大蔵省派遣の首相秘書官一名であった。首相秘書官は各省将来の次官候補でより抜きの審議官クラスが選任される。しかし、その任務は資料・情報の収集等の秘書業務と本省との連絡業務が主であって、局長以下のラインに対する指揮命令権を持つわけではない。いずれにしてもこのわが国行政機構の持つ弊害が、結果として首相の政治生命を絶つことになった。

総選挙の結果を受けて第二次橋本内閣は、財政構造会議を行政改革会議と同様、首相の直轄として、財政健全化の目標に向かってスタートした。具体的にはこの年、一九九六年の暮れから一〇年以内の出来るだけ早期に国及び地方の財政赤字対GNP比を三%以下とし、以後その対じGNP比が上昇しない財政体質を実現する。なお、九七年度当初予算において公債発行額全体で四・三兆円減額、赤字国債については一二兆円から七・五兆円へ四・五兆円減額を達成し、国債費を除く歳出を租税等の範囲内に抑制する、いわゆるプライマリー・バランスを達成することとした。これに加えて九七年度から消費税を三%から五%にアップ、特別減税の廃止、秋には医療費負担増も加わって超緊縮の財政となった。

財政構造改革法は九七年一一月二八日成立した。しかし、これに先立つ一一月三日、三洋証券が倒産、次いで一七日、北海道拓殖銀行、二四日には山一證券の倒産が表に出て、金融危機が容易ならざる状況にあることが明らかになった。当然のことながら首相は三洋証券の破綻の報告を受けるや大蔵省に破綻金融機関の処理策の策定を指示するとともに、首相自身財政構造改革法成立から僅か三週間後、廃止したばかりの特別減税二兆円復活の決定に踏み切り、政府与党に金融安定化策の決定を求めた。

当然のことながら、野党は世論を背景にして内閣の基本政策を推進するはずの法律制定後、僅か一ヵ月にして政策転換を余儀なくされたことについて首相の政治責任を問い、国民の間にも混乱と不信が増幅していった。首相にとって最優先課題である緊急の金融危機対策のために、政治生命を賭けて達成しようとした財政再建という基本政策の転換を余儀なくされることから生ずる無念さ、政財界・社会の政治家としての首相に対する評価下落の屈辱感、政策判断に必要かつ正確な情報があがってこないことからする憤怒等が渦巻いていたものと思われる。

大蔵省が「金融検査基準」による検査の結果、銀行の不良債権が約七六兆円の巨額に上るというこれまでの説明とは全く異なる実態を首相に報告し激怒させたのは、年明けの一九九八年一月になってのことであった。加えて同月一八日大蔵省OBの道路公団理事が収賄で検挙され、二六日には同省金融検査汚職が発覚し、金融検査部管理課室長と課長補佐が大手都市銀行四行から高額接待の見返りとしての業務にかかわる検査情報を漏洩《ろうえい》、指摘すべき不正融資の見逃しや報告を行わない等の重要検査事項について便宜を図ったとの容疑で逮捕され、三塚蔵相と小村大蔵次官が引責辞職した。

さらにこの接待汚職は後を引いた。三月六日には証券局総務課課長補佐と証券取引等監視委員会上席証券取引検査官の二名が追加逮捕された。この結果、これら逮捕者の上司九名が処分され、四月末には逮捕者の同僚一一二一名が追加処分された。いわゆるノーパンしゃぶしゃぶ汚職である。戦争直後の復金疑獄から始まる官僚主導による護送船団方式の事前調整型裁量行政が必然的にもたらす腐敗が、実体経済の激動による地滑りで一挙に露呈したといってもよいだろう。

いずれにしても四月には日本版金融ビッグバンがスタートするなかで、財政構造改革法の改正、総額四兆円の特別減税の決定、赤字国債の弾力条項の新設、一六兆六五〇〇億の総合経済対策、金融システム改革四法の成立等が決定されたが、九八年七月参院選で自民党は四四議席で惨敗、橋本首相は退陣に追い込まれた。

大臣とは名ばかりで所管行政についての最高行政機関である省庁の実権は、事務次官に握られているという実態、省庁における企画立案、執行の実務は課長とそのスタッフに委ねられ、審議官・部長以上はその総括にあたるという中央省庁のボトムアップ型意思決定方式の弊害、省庁内部でも「局あって省あるを知らず」といった縦割り割拠主義、政府の最高意思決定機関とされる次官会議にすら局内で完結する処理案件はあがってこないという現実と、憲法の予定する首相が内閣の首長として行政権を掌握し国権の最高機関である国会に責任を負うはずの議院内閣制との矛盾、このような経験に裏付けられた理論とあまりにもかけ離れた現実とのギャップを埋めることが、橋本首相の行政改革に火だるまとなるという焦燥感の原因でもあった。

行政改革会議での方向づけ

首相が財政構造改革もさることながら、それ以上重視したこの行政改革会議は、首相自身が会長であるという点でも異例の委員会であった。この会議は、九六年一一月末の初会合を皮切りに翌九七年一二月初めの最終報告の決定まで一年間、実に四二回にわたり精力的な討議を重ね、首相権限強化を伴う内閣機能の見直し、二二省庁を一府一二省庁に半減する省庁再編、郵政三事業の一体公社化、公務員定数の一割削減等を定めた最終報告をまとめた。この会議の成功はＮＨＫ経済記者から政界入りをし、中曽根内閣の建設大臣、宇野内閣時代の自民党総務会長、海部内閣で総務庁長官を歴任した大物水野清氏を橋本首相補佐官に任命して、この会議の事務局長として会議の運営と共に関係省庁との調整を任せたことである。この行政改革会議の委員からは首相の意向で官僚ＯＢは一切排除された。

行革会議の結論の実現を急ぐ首相は、最終報告を受けて直ちにこれを基本法としての法制化を進め、翌一九九八（平成一〇）年六月、中央省庁等改革基本法の成立にこぎ着けるとともに、同時に国と地方の関係については村山内閣時代すでに発足していた国と地方の役割分担、補助金・税財源、地方行政体制のあり方の検討を進めている地方分権推進委員会の諸勧告、官民の役割分担と規制緩和については規制緩和推進三カ年計画に取り組む行政改革委員会の意見と合わせて、二一世紀における国家機能の在り方、それを踏まえた中央省庁の再編の在り方、官邸機能の強化のための具体的方策の三点に的を絞った新しい行政改革の推進体制を確立しようとした。さらに首相は基本法の成立を待って二〇〇一年一月一日新体制への移行を目指し、その推進のため自身を本部長とし民間有識者を中心とする中央省庁等改革推進本部・顧問会議も発足させていた。

政治主導行政の舞台装置

しかし、首相権限を強化し、政治主導行政を確立する舞台装置をつくるためには、最大の障害である内閣法の抜本改正が不可欠であった。内閣法第六条は「内閣総理大臣は、閣議にかけて決定した方針に基いて、行制各部を指揮監督する」と定めている。閣議を通った方針についてしか指揮命令権はないということである。

閣議案件には政治案件と行政案件がある。政治案件とは国会運営とか与野党関係、選挙関連案件等を指している。行政案件については閣議の前日開かれる事務の官房副長官が主宰する次官会議を通った案件しかあがってこない。しかも行政案件といっても全省庁の所管に係わりをもち、その調整がついたものが中心である。したがって、首相も大臣も行政については閣議の席で最終調整や決定をすることは一般的にはありえない。行政の相当部分は各省庁の局単位で完結し、各省庁の頂点に立つ次官といえども重要事項のすべてを掌握しているとは限らない。

そこで首相のリーダーシップを強化するために内閣法第六条を改正して首相の指揮命令権を拡大せよという要求と、これに抵抗する内閣法制局との対立が続いたが、行革会議の事務局長で、自社さ三党プロジェクトチームの水野座長と内閣法制局長官との膝詰め談判のなかから出てきたのが、六条改正に代えて四条と二一条を改正しては、との提案だった。

これまで内閣法制局が頑強に反対してきたのは、「閣議にかけて決定した方針」をはずすことは、憲法第七二条「内閣総理大臣は、内閣を代表して議案を国会に提出し、一般国務及び外交関係について国会に報告し、並びに行政各部を指揮監督する」という条文に抵触し、憲法違反だという理由だった。しかし内閣法第四条第二項は「閣議は内閣総理大臣が主宰する」と定め、第三項で「各大臣は、案件の如何を問わず、内閣総理大臣に提出して、閣議を求めることができる」と定めながら、首相にはこの権限を与えていなかった。内閣法制定をめぐるＧＨＱとの交渉過程で、明治憲法以来の、首相権限を抑え、天皇の統治大権を内閣に移すことによって各省庁にそれぞれの所管領域についての最高行政機関としての地位を与えた法制局の先輩たちの労苦、それこそ官僚主導行政の擁護に他ならなかったが、法制局の後輩たちはこの努力に報いるためにもこれら改正を認めたがらなかったものであろう。

新しい提案は、第四条第二項の「閣議は内閣総理大臣が主宰する」に続けて、「この場合において、内閣総理大臣は、内閣の重要政策に関する基本的な方針その他の案件を発議することができる」との一文を付け加えて首相の議題提案権を明確化するということと、第一二条第二項に列挙された諸事項を独立の項目としてその主旨を改正目的に応じて明確化するとともに、その第四号に「行政各部の施策の統一を図るために必要となる企画及び立案並びに総合調整に関する事務」との文言を挿入することで施策の統一を図るため、企画立案並びに総合調整の権限を与えることを法的に保証しては如何かというものであった。

かくて二〇〇一年一月六日、森首相の下、国の役割を純化限定し規制緩和と地方分権を進め、政府のスリム化を図る、中央省庁を一府二二省庁から一府一二省庁への再編と、これまでの政官関係を改革し、官邸権限と首相のリーダーシップ強化による政治主導行政の確立を目指す新しい行政体制がスタートした。

具体的には他の省庁の一段上に立つ内閣府を設置し、国の基本政策の企画立案部門を置き、首相に権力を集中させる一方、具体的政策展開の企画立案部門として、内閣府に、①経済財政政策、②金融、③防災食品安全、④規制改革その他、⑤地方分権改革、⑥男女共同参画その他の六領域それぞれの担当相と経済財政諮問会議、総合科学技術会議、中央防災会議、男女共同参画会議の四つの諮問会議を設置した。

特に経済財政諮問会議は首相を議長とし、官房長官、経済財政担当相、財務相、経済産業担当相、総務相の五主要閣僚に加え、日銀総裁、それに四人の民間首相ブレーンから構成され、事実上のインナーキャビネットとして国の予算編成と財政運営の基本方針の権限を直接首相の影響下に置こうとしたものであった。

しかし、政策形成を行政主導から政治主導に移すためには、各省庁の企画立案部門の持つ生の情報を把握し、内閣の遂行しようとしている政策目標を達成するための企画立案に活用できる協力体制を確立しなければならない。そのために首相と一七人の閣僚のほか、これまでの政務次官に代わる副大臣二二人と、新たに設けられた政務官二六人、総勢六六名の与党議員が政府入りすることになった。なお副大臣、政務官の制度は英国の行政運営にヒントを得て、一九九八年、自民党が自由党と連立を組んだとき、小渕・小沢両党首の連立合意で導入されたものである。

従来の政務次官は国家行政組織法では大臣を助け、政策及び企画に参画し、政務を処理するとされていた。しかし、周知のように政策及び企画への参画は骨抜きにされ、もっぱら大臣の政務の処理、つまり政治家としての大臣の用務を助ける所管の業界団体や選挙区の行事の代理出席や挨拶代読が仕事になっていた。今回の改正で副大臣は「大臣の命を受け、政策及び企画をつかさどる」と国家行政組織法で規定され、大臣と事務次官の間に位置することになった。ただし果たして規定どおりの権限が活用できるかどうかはこれからの課題である。

政務官は大臣を助け、政策及び企画に参画すると従来の政務次官と同じ権限になっている。しかし政治状況は一変した。大臣の政策スタッフとして扱うというのが大きな流れである。これを一過性のものにすることなく定着させることができるかどうかもこれからの勝負である。

官邸機能の強化

首相はこれまで官邸では事務の官房副長官と政務の秘書官及び慣例により警察、外務、大蔵、通産から派遣された四人の秘書官、出入り自由の官房長官、政務事務の官房副長官などに囲まれて執務してきた。事務の官房副長官の指揮のもと秘書官が作る分きざみのスケジュールに従ってひたすらこれを処理していく。施策について閣僚、政調会長以下党幹部と随時討議する時間をとる余地はない。首相が行政権を担う内閣の首長としての役割を果たすためには、政策立案にかかわる自由な時間と必要な生のデータや政策の選択肢について調査、報告、建議できる直属の有能多彩な政治任用のスタッフに囲まれていなければならない。

官邸主導の行政を確立するためには、政治任用枠を活用して各分野の優れた知識と能力を持った人材を要所要所に集めて、その能力を吸い上げ、これを活用してゆく目利きとリーダーシップが必要である。党自体が派閥や族議員の連合体でなく、党首を中心に一本化し、様々な錯綜する利害対立について徹底した議論のすり合わせの上に立った一定の合意が成立しているようになって、初めて官邸主導行政は可能になるものといえる。

そこで、このような首相スタッフを強化するものとして、内閣官房に政治任用の三人の官房副長官補と内閣広報官、内閣情報官が置かれ、これに内閣総務官を加え、首相の直接の補佐体制を固めた。首相補佐官も三人から五人に増員された。内閣府には先述の五人の特命担当相に加え、七人の政策統括官が各省から任命派遣された。当然のことながら首相自身が内閣の基本政策の企画立案の要となることを予定したものである。

ここで問題になるのが、与野党を通じて飛びぬけて力を持っている与党自民党の総務会および政務調査会との関係である。もしこれからも政策あるいは具体的法案の最終的可否についてこれまで通り総務会が握り、実質審議が政調部会の事前審査で行われるならば、各省庁で政策の企画立案、実施において官僚をリードしなければならない大臣、副大臣、政務官との関係は微妙になる。すでに一部マスコミ報道で指摘されているように、政務官の仕事が政調部会に対する根回しと調整ということになると、政治主導行政の確立とは程遠い。肝心の企画立案は従来どおり省庁官僚が手放さず、政務官は政調部会の根回しに走り回るというのでは本末転倒も甚だしい。政治主導が確立すれば各省庁の企画立案の段階で与党の基本的政策理念と目標は十分反映させることができるはずだ。これを具体化した法案を国会に提出して野党の批判を問うことが議会政治なのである。

官僚の裁量行政の限界と首相のリーダーシップ

すでに何度も触れたように、一般的に議院内閣制は内閣が国会に対して責任を負うシステムであるとされている。しかし責任を負うとは一体どういうことなのか。五五年体制下自民党一党長期政権の下で、鳩山一郎首相から宮澤喜一首相まで一五人の首相（伊東正義臨時代理を除く）が歴任した。ほとんどの首相は連続数次にわたる組閣をしているが、単純に連続在任期間をひとつとして割算すれば平均二年数カ月に過ぎない。明治憲法下の首相の在任期間より若干長いが大差はない。

一五人の首相の中で異色の実力首相であった池田、佐藤、中曾根の三首相についてみると、池田内閣は第一次から第三次までで四年四カ月、佐藤内閣は第一次から第三次までで七年八カ月中曾根内閣が四年一一カ月であった。なお、小泉首相は第一次から第三次改造内閣まで五年五カ月佐藤内閣につぐ長期の在任期間を達成した。行政権を握るということは、その内閣、あるいは各省庁の在任中の政策目標の選択とその企画立案、必要な予算の手当を行ってそれを執行し、政策目標を達成することである。首相としてその責任を果たしたという評価に値する仕事をするにはこれくらいの在任期間が必要だということである。

池田首相ばかりではなく佐藤首相も池田首相と同時に次官から入閣し官僚への影響力は大きかった。中曾根首相は内務省出身とはいえ若くして政界入りをして政治家としての力を蓄え首相の地位を獲得した。しかも時代の要請である行政改革に取り組み、警察出身の内務省系のエース後藤田正晴を官房長官に抜擢《ばってき》、日韓・日米関係の修復、土光臨調の国鉄・電電・タバコの民営化等に成功し大きな業績を残した。

しかし、在任期間二年あまりの首相、内閣改造によって就任した在任期間一年の閣僚では、予算編成のリーダーシップをとることは難しいし、成立したばかりの、あるいは前内閣の編成した予算をろくに執行しないうちに後任にバトンタッチすることになる。

首相が替われば閣僚は一新されるが、主任の大臣が更迭されても各省庁の次官以下の人事には一切変更はない。大臣が変わっても各省庁は次官の指揮の下、粛々として彼らの編成した予算を消化し、実質的には大臣と関係なく翌年度の予算を編成する。

各省庁は、次官が変われば在任中の政策目標とそれをどういう法案としてまとめるかを決める。所管の局長の指揮の下、担当課長とそのスタッフを中心に企画立案と法案化の作業が進行する。基本的には大臣とは関係なく政策目標が決定され実施されて行く。自民党政調部会との折衝はそのための根回しに過ぎない。評判のよい大臣とはそのスポークスマンを演じ、政調部会総務会の決定を確実にする党内での影響力をもっていることである。わが国の議院内閣制とは名ばかりで実質的には依然として官僚主導行政が連続している。

総裁任期と衆議院議員の任期

一九四六年、第二次大戦後最初の総選挙から二〇〇五年の郵政選挙まで、総選挙から次の総選挙まで平均期間は二・七年である。衆議院議員の任期は四年であるから、現実には任期三分の二で解散していることになる。これは首相の平均在任期間とほぼ重なる。

続投した実力首相を除けば多くの首相は在任中一度解散総選挙をやって退任した計算になる。これでは国の基本政策に関わる取り組みなどは、とうてい不可能である。事実、多くの首相は何かひとつ政策的イベントを花道に後継者と交代している。それすらない首相も少なくない。

五五年体制下、一党長期政権の下では野党はごく短期間を除いては常に過半数に達しなかった。それにもかかわらず頻繁に解散総選挙が行われた。その原因は激しい自民党内の派閥抗争と、それと無関係ではないが、総裁任期が短かったことである。

自民党は結党以来一七年、一九七二年までは総裁任期は二年であった。この年一年延長されて三年になったが七四年には三選禁止になり、福田大平が相対立した七八年には任期は再び二年に復帰、二〇〇二年、小泉内閣時代に再度三年となり今日に至っている。

激しい派閥抗争に勝って総理総裁の地位を得たら、衆議院議員の任期満了前で、しかも再任が可能としても二年若しくは三年の総裁任期にも目配りをしながら最も自民党と自身の派閥にとって有利な時期に解散総選挙を行わなければならない。解散の決定は首相の権限であるといっても政権に力がないと選挙には勝てないし党内の派閥も納得しない。任期末が迫って力を失い、野垂れ死をする前に選挙に打って出ようとすると、二年半から三年程度に落ち着くということだろう。

一方、派閥の領袖は、派閥の勢力強化のために派閥の求心力を保つ手段として内閣改造を求め、その派閥からひとりでも多く入閣させることを競いあう。大臣経験は次の選挙を圧倒的に有利にするから、人心一新と称して吉田首相に始まる大略一年ないし一年半ごとに行われる内閣改造を定着させて大臣経験者を派閥内で回していくようになった。

しかし、もし政治主導行政を本格的に進めようとするのであれば、首相の在任期間は衆議院議員の任期にあわせて最低四年程度に広げる必要がある。野党も年中行事で不信任案提出を振り回すのでなく、任期満了後の次の総選挙に焦点を合わせて、じっくり時の政権の施政を見守る姿勢も必要であろう。

当然のことながら政治主導という限り、閣僚もまた担当行政についてのエキスパートであることが求められている。一年ないし二年の在任期間で所管省庁を掌握できるわけがない。内閣改造は首相自身が官邸主導行政を放棄し、進んで官僚に行政を委ねることを意味する。閣僚は任命権者である首相と本来政治的運命を共にすべきものである。

二〇〇八年八月二日、福田首相は人心一新との名目で内閣改造を行った。サミットが終わり、思ったように支持率が上がらない。党内からは福田首相のもとでは総選挙は戦えないという声が上がり始め、頼みの連立与党・公明党も自民党との距離を取り始めた。

首相にとってインド洋の燃料補給法をはじめ緊急の重要政策を抱え、野党民主党は解散第一主義で審議に応じる気配はない。第一次福田内閣の閣僚はほとんど安倍内閣の居抜きである。このあたりで福田首相自身の自前の内閣を作り、党内の人心一新をはかりたい。理由は一応もっともであるしこれまでに例のないことではない。

しかし、今この国が求められている首相を首長とする内閣が国会に責任を負えるような政治主導の行政を展開しようとするのであれば、これは時代逆行も甚《はなは》だしい。

衆議院議員の任期は二〇〇九年九月一〇日で終了する。余すところ一年一カ月に過ぎない。しかも八月である。各省庁は八月末に財務省に提出する予算の概算要求の省内調整に忙殺されている時期だ。しかもその前提となる政府が決定すべき来年度の重要政策で決着ついていないものが山積されている。一日といえども政治空白は許されない。

追い打ちをかけるように、九月一日、首相は内閣総辞職を表明した。一体内閣改造で入閣した閣僚はどうなるのであろう。総裁選に一日までさらに三週間の政治空白が続くことになった。永田町の論理は別として、この国の統治システムという見地に立てば、首相の犯した政治責任は倍加したといわねばならない。

政治主導の議院内閣制においては、首相が一仕事を終え与野党それぞれで次期総選挙に臨む首相候補が決まり、基本政策についての党内の開かれた徹底討論の末合意が成立し、党の新しいマニフェストが発表される。こういった総選挙の衆議院議員の任期は、さらに一年ぐらい延ばし、五年にすることも必要かもしれない。

小選挙区制と政党本位の政策選択機能

一九九六年の小選挙区比例代表並立制による最初の総選挙が行われて以来、当初二大政党制にならぬではないかといったマスコミ界・学界の強い批判にもかかわらず、四回の総選挙を経て、小選挙区制が必然的にもたらす政党本位の政策選択機能が有権者に受け入れられ、確実に二大政党制への収斂《しゅうれん》が始まった。

首相は国民に対する公約であるマニフェストで掲げた基本政策を達成する義務を負う。この首相を支え、各省庁の主任の大臣として次官以下の職員を指揮命令して、それぞれの所管行政においてマニフェストに盛られた政策を、公表された手続き工程表に従って分担実施し、その達成度を公表して有権者の評価を求めるのが閣僚の任務である。マニフェスト作成を指揮した党の政調会長を初めとして、原則的には各部会長が対応する省庁の主任の大臣として入閣し、中心となってまとめた政策の達成にあたるのが、政治主導あるいは首相主導の内閣の望ましいあり方である。政権交代とは単に首相と閣僚が交代するだけではなく、交代した政党が新しい政府をつくることを意味する。

小泉内閣の発足に当たって、首相は一内閣一大臣を主張した。もっともこれは結局アドバルーンで、五年五カ月の在任中、四回の内閣改造を行った。ただし、改造に際して派閥の推薦とバランスをすべて無視して独自の判断で閣僚を一本釣りした。また、重要閣僚については引き続き留任させた。首相の改造の目的は首相の改革推進に当たっての反対勢力を抑え、支持派を強化する手立てに用いたものと思われる。いずれにしても政治主導の議院内閣制というのであれば、閣僚は当然、首相と運命をともにしなければおかしい。

一九六〇年以降に政界入りした政治家の中には、何れも必ずしも成功したとは言い難いが、橋本首相を最初とし、小泉安倍と真の意味での政治主導の議院内閣制の確立を求める首相が現れるようになった。さらに与野党を通じて若い世代の首相候補者の多くは政治主導あるいは内閣主導を志す政治家である。

一方、これに呼応して、行政内部からも課長クラスの若手で課長として政策の企画立案と執行に当たった経験を活かし、自民党に限らず民主党や、さらに知事・市長を目指して政界入りするフレッシュで気鋭の政治家が生まれ始めた。

二〇〇五年、小泉首相の郵政民営化法案は、参議院において自民党議員の造反で否決された。郵貯、保険の厖大な資金が大蔵省資金運用部に集中しているという、原点の課題と民営化法案の乖離については、ここでは問うまい。いずれにしても、首相はこれを受けて同法案の是非を国民に問うとして衆議院を解散した。

さらに首相は、郵政民営化に反対票を投じた自民党議員の小選挙区に小泉チルドレンと呼ばれる賛成派の新人を立候補させた。マスコミはこれを「刺客」と呼んではやし立てた。しかし解散総選挙によって仮にも内閣の基本政策を争点として各選挙区で有権者の選択を求めようとするものであるならば、その選択の対象候補者がその政策に反対というのでは選挙にならない。これに反対の候補者が党に留まること自体が異常である。五五年体制下中選挙区制の下で政党が族議員を構成員とする派閥の連合体で、内閣はこれら派閥の個別的利益調整機関であったという時代は過ぎ去った。今わが国は選挙制度改革を契機に紆余《うよ》曲折を重ねながら、派閥連合体としての政党から、マニユフェストで示される総合的政策体系の選択を求める政策集団への移行が始まったと言ってもよいであろう。

抜本的制度改革が求められている

ところで二〇〇七年参院選では年金問題と閣僚不祥事が直接の争点となり、都市に比べ景気回復の遅れで拡大した経済格差を突き、金城湯池の農村票を切り崩した民主党の選挙対策の成功で自民公明が過半数を割り、二〇〇五年総選挙の自公圧勝とあいまってねじれ国会を生み出した。

本来第一院である衆議院と第二院である参議院とでは、制度上では異なる機能が期待されている。しかし国民にとってはどちらも国政選挙であることには変わりはない。総選挙では郵政民営化に賛成した有権者も、参議院の通常選挙では、政府の年金問題や高齢者医療、与野党各党の農村対策や地方対策を比較して、民主党に一票投じたわけである。しかしだからといって、いかに参議院で勝っても政権が取れるわけではない。二院制をとる以上は有権者に対して両者の役割、権限の相違を明確化し、その相違が自明のこととして受け入れられるようにする必要がある。すでに参議院自体からも幾つかの改革案がまとめられている。代表的なものとしては斎藤十朗議長の手になる「参議院の将来像に関する意見書」が公表されている。何れにしても衆参両院の関係に焦点をあてた抜本的な制度改革の検討を具体的な日程に載せることが直近の課題である。

【参考図書】

笠原英彦・桑原英明編『日本行政の歴史と理論』芦書房、二〇〇四年
西修『日本国憲法はこうして生まれた』中公文庫、二〇〇〇年
佐藤達夫『日本国憲法成立史』第四巻、有斐閣、一九九四年
前田英昭『国会全書Ⅰ』慈学社出版、二〇〇七年
本田雅俊『総理の辞め方』ＰＨＰ新書、二〇〇八年
東田親司『現代行政と行政改革』芦書房、二〇〇四年
東田親司『私たちのための行政』芦書房、二〇〇八年
江田憲司『誰のせいで改革を失うのか』新潮社、一九九九年
同ほか『首相官邸』文藝春秋、二〇〇二年
同『改革政権が壊れるとき』日経ＢＰ社、二〇〇二年
竹森俊平『一九九七――世界を変えた金融危機』朝日新書、二〇〇七年
水野清ほか『「官僚」と「権力」』小学館文庫、二〇〇一年
塩川正十郎ほか『二〇二〇年　日本のあり方』東洋経済新報社、二〇〇八年
行政改革会議事務局ＯＢ会編『21世紀の日本の行政』財団法人行政管理研究センター、一九九八年
西村吉正『金融行政の敗因』文春新書、一九九九年
真渕勝『大蔵省はなぜ追いつめられたのか』中公新書、一九九七年
香西泰ほか『バブルと金融政策』、日本経済新聞社、二〇〇一年
土門剛『農協大破産』東洋経済新報社、一九九七年
同『「農業ビッグバン」が始まった米と農協』東洋経済新報社、一九九六年
宮脇淳『行政投融資と行政改革』ＰＨＰ新書、二〇〇一年

田中一昭ほか『中央省庁改革』日本評論社、二〇〇〇年
高橋洋一『さらば財務省』講談社、二〇〇八年
長谷川幸洋『官僚との死闘７００日』講談社、二〇〇八年
屋山太郎『天下りシステム崩壊』海竜社、二〇〇八年
中川秀直『官僚国家の崩壊』講談社、二〇〇八年

＊他に執筆にあたり、東田親司・大東文化大学教授、本田雅俊・政策研究大学院大学准教授（いずれも当時）のお二方より種々ご教示頂いた。御礼申し上げたい。

初出文献一覧

第一章　**「政治学の科学化」の意味について**

※原題同じ（慶應義塾大学法学研究会『法学研究』四二巻五号、一九六九年）

第二章　**政治学における行動論的接近の発展**

※原題同じ（慶應義塾大学法学研究会『法学研究』四五巻三号、一九七二年）

第三章　**現代日本の投票行動と政治意識——自民党への「積極的支持層」と「消極的支持層」**

原題「序章　概論」（堀江・梅村光弘編『投票行動と政治意識』慶應義塾大学出版会、一九八六年、所収、後半部分を省略）

第四章　**自・社支持率の長期低落と政党支持離れの進行——政党支持の構造変動**

原題「自社両党支持率の長期低落と政党支持離れの進行」（日本選挙学会『選挙研究』第一号、一九八六年）

第五章　**選挙制度の検討――選挙区制**
※原題同じ（『ジュリスト』増刊総合特集、三八号、一九八五年）

第六章　**政治システムと選挙制度――議院内閣制と選挙制度**
原題「政治システムと選挙制度――議院内閣制と望ましい選挙制度」（堀江編『政治改革と選挙制度』芦書房、一九九三年、所収）

第七章　**国会改革の政治学――「国権の最高機関」としての役割**
原題「『国権の最高機関』としての役割」（堀江・笠原英彦編『国会改革の政治学』ＰＨＰ研究所、一九九五年、所収）

第八章　**行政改革と地方分権**
原題「行政改革と地方分権（総論）」（堀江教授記念論文集編集委員会編『行政改革・地方分権・規制緩和の座標』ぎょうせい、一九九七年、所収）

第九章　**統治システムでの政治主導行政の確立**
原題「新たな統治システムとしての政治主導行政の確立」（堀江・加藤秀治郎編『日本の統治システム』慈学社出版、二〇〇八年、所収）

「池田勇人内閣」（白鳥令編『日本の内閣』第3巻、新評論、1986年、所収）
「自社両党支持率の長期低落と政党支持離れの進行」（『選挙研究』1号、1986年）
「選挙運動」（杣正夫編『日本の総選挙１９８６年』九州大学出版会、1987年、所収）
「公費補助で腐敗防げ——参考になる米・西独方式」（『THIS IS 読売』1988年10月号）
「西欧政治百年」（読売新聞調査研究本部編『西欧の議会』読売新聞社、1989年、所収）
「選挙制度改革のシミュレーション」（『エコノミスト』67巻27号、1989年）
「選挙制度改革論の利害得失」（読売新聞調査研究本部編『日本の選挙・世界の選挙』読売新聞社、1990年、所収）
「政治改革　進めやすい制度へ」（『THIS IS 読売』6号、1990年）
「多党時代の政治学」（『文藝春秋』1993年9月号）
「政治改革の諸課題」（『社会科学研究』13巻2号、1993年）
「選挙制度の特質と将来」「現代日本の政党の課題と将来」（富田信男他『２１世紀の政治デザイン』北樹出版、1995年、所収）
「社会党政権の成立は『ダマスカスへの道』か」（『法学研究』68巻1号、1995年）
「小選挙区比例代表並立制の導入」（『選挙』48巻3号、1995年）
「『国会改革』緊急提言」（『Voice』215号、1995年）
「政治・行政責任と制度疲労」（読売新聞社編『内閣・行政機構　改革への提言』読売新聞社、1996年、所収）
「これでいいのか参議院——国会改革への処方箋」（『THIS IS 読売』1996年2月号）
「新選挙制度の意図と現実」（『THIS IS 読売』1997年1月号）
「行政改革と地方分権」（堀江教授記念論文集編集委員会編『行政改革・地方分権・規制緩和の座標』ぎょうせい、1997年、所収）
「日本の政策過程」（小林良彰編『日本政治の過去・現在・未来』慶應義塾大学出版会、1998年、所収）
「たかりの温床は官僚の裁量権にあり」（『THIS IS 読売』1998年4月号）
「参議院選挙制度の検証」（『選挙研究』20号、2005年）　ほか

『権力と社会』（ラスウェル＆カプラン著、永山博之ほか共訳）芦書房、2013年
『政治学小辞典』（加藤秀治郎共編）一藝社、2019年　他多数

≪雑誌論文、単行本寄稿ほか≫

「社会変動と投票行動の分化」（１・２）（『法学研究』35巻２号・３号、1962年）
「産業構造の変化と大衆の政治意識」（民主社会主義研究会議編『民主社会主義の未来像』　中央公論社、1965年、所収
「政治と社会学」（米山桂三編著『現代社会の社会学』世界書院、1966年、所収）
「『政治学の科学化』の意味について」（『法学研究』42巻5号、1969年）
「現代青年と戦後民主主義」（『自由』12巻２号、1970）年
「佐世保における原潜異常放射能事件と国民世論」（『国際政治』41号、1970年）
「潮田政治学における政治概念論争の意味」（『法学研究』43巻10号、1970年）
「政治不信と社会的緊張の克服」（民主社会主義研究会議編『日本の設計』読売新聞社、1971年、所収）
「紛争多発時代の復元力」（『自由』13巻4号、1971年）
「日本社会党」（中村菊男編『日本における政党と政治意識』慶應通信、1971年、所収）
「政治学における行動論的接近の発展」（慶應義塾大学新聞研究所編『コミュニケーション行動の理論』慶應通信、1972年、所収）
「政党の組織と機能」（内田満・内山秀夫編『政治学を学ぶ』有斐閣、1974年、所収）
「社会構造の変化と選挙の動態」（『現代のエスプリ』94号、1975年）
「公共政策と情報組織としての政党」（富田信男・岡沢憲芙編『情報とデモクラシー』学陽書房、1983年、所収）
「国民の憲法意識」「参議院における比例代表制導入の問題点」（西修ほか編『日本国憲法を考える』、学陽書房、1983年、所収）
「選挙制度の検討――選挙区制」（『ジュリスト』増刊総合特集、38号、1985年）
「最短距離にいるのは安倍晋太郎だ」（『中央公論』100巻5号、1985年）
「違憲判決の政治的意味と是正の方向」（『ジュリスト』844号、1985年）

堀江湛教授 主要著作一覧

≪単行本（編著、共編著、共著、共訳）≫

『日本・世論と外交』（D・H・メンデル著、中村菊男共訳）時事通信社、1963 年
『デモクラシーの構造』（共著）日本放送出版協会、1974 年
『都民の選択――参院選の意識調査』（岩男寿美子共編）慶應通信、1977 年
『変貌する有権者』（編著）創世記、1979 年
『ワークブック政治学』（飯坂良明共編）有斐閣、1979 年
『政治心理学』（上條末男他共編）北樹出版、1980 年
『政治学のことば』（編著）日本放送出版協会、1980 年
『日本の政党と外交政策』（池井優共編）慶應通信、1980 年
『議会デモクラシー』（飯坂良明他共編）学陽書房、1981 年
『世界政治ハンドブック』（飯坂良明他共編）有斐閣、1982 年
『現代政治学』（岡沢憲芙共編）法学書院、1982 年
『選挙とデモクラシー』（富田信男共編）学陽書房、1982 年
『現代の政治と社会』（共著）北樹出版、1982 年
『新しい政治社会システム』（編著）芦書房、1984 年
『政治学の方法とアプローチ』（花井等共編）学陽書房、1984 年
『危機とデモクラシー』（富田信男共編）学陽書房、1985 年
『投票行動と政治意識』（梅村光弘共編）慶應義塾大学出版会、1986 年
『現代の政治生活』（芳賀綏共著）放送大学教育振興会、1987 年
『情報化社会とマスコミ』（編著）有斐閣、1988 年
『政治改革と選挙制度』（編著）芦書房、1993 年
『連立政権の政治学』（共著）PHP 研究所、1994 年
『国会改革の政治学』（笠原英彦共編）PHP 研究所、1995 年
『現代の政治学』（全 3 巻）（編著）北樹出版、1997 年
『統治システムと国会』（編著）信山社出版、1999 年
『政治学・行政学の基礎知識』（編著）一藝社、2004 年
『日本の統治システム』（加藤秀治郎共編）慈学社出版、2008 年

［**学会活動**］

日本政治学会、日本選挙学会、日本法政学会各理事長。他に日本新聞学会理事、第16·17期日本学術会議会員など。

［**社会活動**］

1980年　文部省大学設置審議会専門委員（～1985）

1987年　法務省司法試験第二次試験考査委員（政治学）（～1991）

1988年　郵政省高度映像化都市（ハイビジョン・シティ）構想懇談会委員

1989年　第8次選挙制度審議会第1委員会委員長

1992年　政治改革推進協議会（民間政治臨調）第2委員会委員長

1995年　地方分権推進委員会委員長代理

1996年　国会等移転審議会委員

1999年　参議院の将来像を考える有識者懇談会座長

また、東京都国際政策懇談会小委員会委員長、国家公務員採用第一種試験（行政）試験専門委員（政治学）、地方分権推進委員会委員長代理、国会等移転審議会委員、政策研究フォーラム理事長などを歴任。

堀江　湛（ほりえ・ふかし）教授 略歴

［略歴］

1931（昭和６）年　山口県生れ

1944年　東京都立第四中学校に入学

1945年　東京陸軍幼年学校に入学

同年８月 敗戦により、東京都立第四中学校に復学

1951年　東京都立戸山高等学校（旧都立第四高等学校）卒業

1956年　慶應義塾大学法学部政治学科卒業

1958年　同大学副手（法学部）

1961年　同大学産業研究所研究員

同年　同大学大学院法学研究科博士課程単位取得退学

同年　同大学助手（法学部）

1964年　同大学助教授（法学部）

1971年　同大学教授（法学部）（～1997）、この間、新聞研究所副所長、慶應義塾常任理事、法学部長、大学院法学研究科委員長、慶應義塾評議員などを歴任

1997年　定年退職、その後、杏林大学大学院教授、武蔵野女子学院理事を経て、

2000年　尚美学園大学学長（～2008年）、その後、同大学名誉学長、学事顧問など

2020（令和２）年　逝去（11月22日）

装丁——アトリエ・タビト

堀江湛先生記念出版編集委員会 編

（代表：加藤 秀治郎）

政治分析から政治改革へ

2022年12月10日　初版第1刷発行

著　者

堀 江　　湛

発行者

菊池　公男

発行所

株式会社 **一 藝 社**

〒160-0014 東京都新宿区内藤町 1－6

TEL 03-5312-8890

FAX 03-5312-8895

振替　東京 00180-5-350802

E-mail : info@ichigeisha.co.jp

HP : http://www.ichigeisha.co.jp

印刷・製本

株式会社丸井工文社

ISBN 978-4-86359-265-0 C3031